El pequeño libro del bitcoin

El pequeño libro del bitcoin

Todo lo que necesitas saber y que Wall Street ya ha descubierto

ANTHONY SCARAMUCCI

Traducción de Pablo Fernández Candina

EDICIONES DEUSTO

Título: *The Little Book of Bitcoin: What You Need to Know that Wall Street Has Already Figured Out*

Deusto es un sello editorial de Centro de Libros PAPF, SLU.
Av. Diagonal, 662-664
08034 Barcelona
www.planetadelibros.com

Diseño de colección: Sylvia Sans Bassat

Primera edición: septiembre de 2025
Depósito legal: B. 11.887-2025
ISBN: 978-84-234-3940-9
Composición: Realización Planeta
Impresión y encuadernación: Huertas Industrias Gráficas, S. A.
Printed in Spain - Impreso en España

PEFC Certificado
Este libro procede de bosques gestionados de forma sostenible
PEFC
PEFC/14-38-00305
www.pefc.es

Sumario

Prólogo

En el siglo xx, el sistema financiero global se basaba en los activos tradicionales —bienes raíces, acciones y bonos— y en estructuras con una larga historia diseñadas para un mundo que se movía al ritmo de las llamadas telefónicas y los parqués de las Bolsas. La riqueza se gestionaba a través de una red de intermediarios de confianza: gobiernos, bancos y corporaciones que garantizaban la seguridad de la custodia y el crecimiento del capital. Sin embargo, el siglo xxi trajo consigo nuevas expectativas: un mundo en el que la velocidad, la inteligencia y la resiliencia son cardinales, y donde las generaciones más jóvenes buscan un sistema financiero tan dinámico como la tecnología que define sus vidas.

El capital es el combustible de este motor económico, una fuerza que impulsa la innovación, el crecimiento y la prosperidad. En su búsqueda de una distribución óptima, circula sin cesar entre inversores, corporaciones, gestores y empresarios. Aunque existen muchos activos que pueden funcionar como depósitos de valor, sólo unos pocos poseen las cualidades —liquidez, durabilidad, divisibilidad, portabilidad y fungibilidad— que los elevan a la categoría de dinero.

En el siglo XIX, el oro representaba la piedra angular de este sistema, el depósito de valor definitivo, reverenciado por su escasez y estabilidad. No obstante, a medida que avanzaba el siglo XX, se hizo patente que, pese a sus méritos, el rey de los metales no conseguía mantener el paso de una economía global cada vez más interconectada y boyante. El mundo necesitaba una forma de dinero más ágil y reactiva, lo que llevaría a la adopción del dólar estadounidense como moneda de reserva global, respaldada por letras del Tesoro en lugar de los lingotes de oro.

Si bien goza de una gran estabilidad, el oro adolece de una falla intrínseca: es inflacionario, pues su oferta aumenta cada año alrededor de un 2 por ciento. Esta progresiva devaluación fuerza a sus tenedores a buscar inversiones productivas que arrojen beneficios suficientes para superar la inflación. Durante décadas, el dólar —al principio vinculado al oro y más tarde de flotación libre— aseguró una estabilidad similar con un mayor grado de utilidad en una economía global pujante. No obstante, con el final del sistema de Bretton Woods en 1971, el mundo entró en una era de dinero fiat, en la que el valor del dólar ya no estaba ligado a ningún activo tangible.

Los bancos centrales y los economistas pretendían gestionar este nuevo sistema mediante el control de la inflación, fijándose como objetivo una tasa anual del 2 por ciento, en un empeño por replicar de manera artificial la paulatina y estable devaluación del oro. Sin embargo, a la hora de la verdad, el asunto se demostró mucho más complejo de lo previsto. La inflación resulta difícil de medir con precisión, y todavía más de domeñar. Las métricas empleadas —IPC, IPP y PCE—[1] son imperfectas y se revisan con frecuencia, lo que vuelve poco fiables las comparaciones en el tiempo. En realidad, desde el abandono del patrón oro, el dólar estadounidense ha experimentado una tasa de inflación situada entre el 7 y el 10 por ciento anual, y las divisas más débiles han salido mucho peor paradas.

Para las familias, corporaciones y gobiernos cuyas economías están denominadas en estas monedas, semejante erosión a largo plazo del valor tiene consecuencias abrumadoras. En el transcurso de un siglo, una divisa sometida a una inflación del 7 por ciento pierde casi todo su poder adquisitivo. En economías con una tasa aún más alta, dicha pérdida puede llegar a producirse en una sola generación. Pese a que los inversores comprenden que poseer efectivo o deuda soberana es una estrategia perdedora, muchas corporaciones e instituciones se ven constreñidas

1. Dichas siglas se refieren, respectivamente, al índice de precios al consumidor (IPC), relativo al precio de un conjunto de bienes y servicios básicos, al índice de precios de productor (IPP), relativo al precio que reciben los productores por sus productos, y al índice de gastos de consumo personal (PCE, *personal consumption expenditures*), relativo a los gastos en que incurren las personas para satisfacer sus deseos y necesidades. (*N del t.*)

por normativas y convenciones que restringen sus opciones, lo que da lugar a una erosión sistemática de los ingresos reales.

En los países en vías de desarrollo, los retos son incluso mayores. Empresarios e instituciones se ven forzados a lidiar con monedas inestables, sistemas bancarios poco fiables y riesgos políticos que pueden evaporar sus ahorros de la noche a la mañana. El sistema financiero tradicional, con sus trabas burocráticas y sus barreras de acceso, no está preparado para satisfacer las necesidades de un mundo que opera a la velocidad de internet.

Y es aquí donde entra en escena Bitcoin, una tecnología nacida de la constatación de que el siglo XXI exige una nueva forma de dinero, que no sólo sea más rápida e inteligente, sino que además goce de una mayor solidez. Cuando Satoshi Nakamoto lanzó Bitcoin, hizo algo más que crear una moneda digital: le dio un nuevo significado al concepto mismo de dinero. Al permitir la transferencia y custodia de activos sin necesidad de intermediarios de confianza, se consagró como la primera mercancía genuinamente digital, que sólo existe en el ciberespacio, libre de las constricciones físicas y políticas del sistema financiero tradicional.

Lo revolucionario de Bitcoin radica en su naturaleza deflacionaria: una oferta cerrada de 21 millones de monedas garantiza su inmunidad frente a las presiones inflacionarias que aquejan a las monedas fiat, e incluso al oro. Dicho diseño lo eleva de un mero activo digital a una forma radicalmente nueva de dinero, capaz de conservar la energía económica a través tanto del espacio como del tiempo. A diferencia de otros activos a lo largo de la historia, Bitcoin brinda la posibilidad de preservar el valor a perpetuidad.

Imagina mover vastas sumas por todo el planeta en cuestión de segundos o almacenar un capital capaz de sobrevivir no sólo décadas, sino siglos. La red descentralizada de Bitcoin funciona de forma ininterrumpida, permitiendo unas transacciones fluidas e instantáneas entre dos entidades cualesquiera en cualquier lugar del mundo. No se trata únicamente de una nueva forma de dinero, sino también de una nueva infraestructura financiera abierta a todos, resistente a la censura y capaz de sustentar una economía que se mueve a la velocidad de la luz.

Pero quizá el impacto más profundo de Bitcoin sea su capacidad de preservar el valor a lo largo del tiempo. Los activos tradicionales se deterioran: su salud económica sufre los efectos de la inflación, la depreciación y la mala administración. En cambio, gracias a sus insignificantes costes de mantenimiento, Bitcoin alberga el potencial de convertirse en el primer activo en alcanzar la inmortalidad económica. Como activo de reserva de tesorería, puede alargar la vida útil de corporaciones, instituciones e incluso gobiernos, al asegurar la preservación y la protección de la riqueza para las generaciones venideras.

Con Bitcoin, la humanidad ha dado un monumental paso adelante: del dinero metálico, lento y sólido, pasamos al dinero financiero, rápido y endeble, y ahora al surgimiento de un dinero digital más fuerte, expedito e inteligente. Nos estamos adentrando de nuevo en una época de dinero sólido, pero concebido esta vez para la era digital.

Nos aguarda un futuro no sólo brillante, sino transformador.

MICHAEL SAYLOR,
CEO de MicroStrategy

Sobre el autor del prólogo

Cuando no estaba escudriñando el porvenir, lo estaba viviendo en sueños.

Hijo de un oficial de carrera de las Fuerzas Aéreas, Michael Saylor se movió mucho por Estados Unidos porque creció en varias bases militares. Siempre se sintió fascinado por la aeronáutica y la promesa que deparaba el futuro. Como muchos niños de su época, quería ser astronauta o piloto de combate, o quizá estrella de rock. Cuando no estaba persiguiendo esos objetivos, pasaba horas explorando los mundos de ciencia ficción surgidos de las plumas de Arthur C. Clark e Isaac Asimov. Por mucho que las historias fueran fantásticas, en todas ellas subyacía un mensaje real: la tecnología hace posible el mañana.

Saylor, un estudiante modelo, obtuvo una puntuación

de 1.540 sobre 1.600 en su examen SAT[2] y se matriculó en el MIT, donde completó una doble licenciatura en Aeronáutica y Ciencias Aplicadas. Para sufragar sus estudios, se enroló en el Cuerpo de Entrenamiento de Oficiales de la Reserva del Ejército del Aire. Para él fue un sueño hecho realidad. Después de todo, corrían los tiempos de *Top Gun*, y nada superaba a volar un F-16; de hecho, hay quien diría que sigue siendo así. Sin embargo, un error en un diagnóstico médico le cerró esa puerta y, cuando los recortes presupuestarios lo relegaron a la reserva, Saylor se encontró de pronto en el paro. Pero este revés lo llevaría a tomar otra trayectoria, en la que alcanzaría cotas de éxito incluso más altas: el mundo de los negocios.

Gracias a un amigo, encontró un empleo en el sector del software trabajando para DuPont. De inmediato causó una gran impresión y, al cabo de poco tiempo, a la joven edad de 24 años, la compañía le cedió un espacio para instalar unas oficinas y los fondos para lanzar su propia empresa: MicroStrategy. Sería su último lugar de trabajo. Además, le haría varias veces milmillonario. Saylor pronto entendió el inmenso potencial del software para ayudar a las compañías y aumentar su eficiencia a la hora de usar información y datos para tomar decisiones.

Conocí a Saylor a través de Zoom durante la pandemia, mucho después de que se hubiera consolidado como una autoridad para la comunidad cripto. Nos presentó el

2. Examen de acceso a la universidad en Estados Unidos, que cumple una función análoga al clásico examen de selectividad en España. (*N. del t.*)

genial Peter Briger, socio de Fortress y pionero de Bitcoin.[3] Con antelación a nuestra reunión, devoré su libro de 2012, *The mobile wave*, y acto seguido comencé a flagelarme por no haberlo leído antes: me habría hecho rico. En él, exponía por qué Facebook, Amazon, Apple y Google iban a arrasar con todo. Saylor entendía a la perfección la diferencia entre un Palm Pilot y un iPhone, y por qué Facebook era diferente de MySpace: lo revolucionario radicaba en que permitían que el software saltase de un ordenador a un dispositivo de mano o, en sus palabras, de un estado sólido a uno vaporoso. Como consecuencia, dejaría de circunscribirse a un equipo concreto: nos seguiría, dormiría con nosotros y nos rondaría por siempre. Según Saylor, estos gigantes tecnológicos ni siquiera eran compañías, sino que eran redes: redes para la venta minorista (Amazon), redes de medios sociales (Facebook, ahora Meta) y redes de información (Google, ahora Alphabet), vehículos que desmaterializaban los productos y servicios. En lugar de un mapa físico, podías disponer de uno virtual que no sólo te ofrecía direcciones, sino también la última información sobre el estado de las carreteras. Hasta la vista, guías Campsa; adiós, boletín del tráfico. Ahora, con un iPhone, podías capturar fotos de ti mismo y enviarlas al instante a un amigo, añadiendo comentarios además. Adiós, cámaras, películas, postales...

3. En el texto original, *OG*, siglas de *original gangster*, término en argot que describe a alguien que ha estado implicado en la comunidad de Bitcoin desde sus inicios. (*N. del t.*)

Dichas compañías iban a arrollar o transformar cualquier industria que se toparan a su paso, amasando una fortuna por el camino. A principios de la década de 2010, Apple, Facebook y Google se cotizaban a máximos anuales y todos los inversores auguraban una burbuja, pero Saylor ignoró sus precios para centrarse en los factores que las impulsaban. Compró acciones de estas empresas por valor de 50 millones de dólares, que llegaron a apreciarse hasta los 500 millones de dólares.

Esta jugada le valió una pequeña fortuna, pero también le sirvió para afianzar un principio de inversión sencillo por el que en adelante siempre se regiría: si quieres ganar dinero, encuentra una red digital dominante, invierte en ella y no pares de hacerlo. Al final, todos los escépticos, los *haters* y los que se mofaron del potencial de la tecnología y no lo entendieron, los que aplicaron métricas tradicionales a un activo nunca antes visto, se verían obligados a desdecirse, puesto que no poseer tales redes equivaldría en la práctica a apostar en corto contra el mercado.

Sin embargo, el éxito de Saylor no estuvo exento de arrepentimiento, aunque su postura bien podría considerarse un lujo: se reprochaba no haber comprado más y vendido menos. La mayoría de los inversores se sentirían extasiados tras multiplicar su dinero por diez y, para ser justos, también Saylor lo estaba. No obstante, lo que más le molestaba era que, en su fuero interno, sabía que esas acciones representaban más que meras compañías: eran vectores del cambio, participaciones físicas en el progreso, en el futuro que siempre lo encandiló. Así las cosas, para

Saylor, vender —o no comprar más— no había constituido una decisión financiera prudente, sino todo lo contrario: había dejado que el precio, no el porvenir, guiase su forma de actuar.

Tenía algo más de lo que arrepentirse.

La inversión fue un éxito personal, del que no participó su empresa, y esa oportunidad perdida lo carcomió por mucho tiempo. Se prometió a sí mismo que, si algún día otra tecnología transformadora se cruzaba en su camino, no se limitaría a adquirir una posición y escribir un libro al respecto. Nunca volvería a cometer ese error. En su lugar, compraría a nivel tanto personal como corporativo, y no cesaría de propagar su postura a través de Twitter.

Bitcoin sería esa segunda oportunidad.

Al principio no se dejó llevar por el entusiasmo; de hecho, se mostró muy escéptico. Pero al cabo del tiempo se dio cuenta de que tenía ante sí el futuro del valor, algo que nunca podrían haber imaginado ni siquiera sus héroes de ciencia ficción, y no dudaría en apostarlo todo, y con muchas menos reservas que cuando lo hizo con Apple y Amazon una década atrás. Bitcoin exhibía muchos de los rasgos característicos de esas compañías: era disruptivo, desmaterializaba industrias arraigadas, suscitaba el recelo y la inquina de casi todo el mundo... y estaba subiendo como la espuma. Sin embargo, esta vez no compraría sólo a título personal, sino que ampliaría la tesorería de MicroStrategy e incorporaría Bitcoin al balance general de la compañía, manifestando así la opinión más contundente hasta ese momento acerca del potencial de esa nueva clase de activo.

De nuevo, acertó de lleno.

He tenido el privilegio de conocer a Michael tanto a nivel profesional como personal. Me enorgullezco de ser su colega, pero todavía más de ser su amigo. Posee una mente prodigiosa que no funciona como las demás. Mi cerebro es un Mercedes: el suyo es un Bugatti. Ve cosas que los demás no ven, y es capaz de expresarlas en términos más simples que otros. Ha sido un magnífico embajador de Bitcoin, además de una inagotable fuente de sabiduría para mí. Es un genio, y no lo digo a la ligera. Nunca podré agradecerle suficientemente haberme orientado a través de este nuevo y apasionante mundo. Y no podría estar más feliz de incluirlo en este libro.

Preámbulo

Las grandes inversiones no son un fenómeno muy común, pero cuando se materializan, parecen cosa de magia. Pueden enriquecer a toda una generación y compensar las muchas malas inversiones que con toda seguridad has realizado o realizarás a lo largo de tu vida. Desde luego, así ha sido en mi caso. Piensa en Nike en los años ochenta, Microsoft en los noventa, Apple en los dos mil o Tesla en la década pasada. Ya me entiendes: compañías transformadoras que engendran nuevas industrias al tiempo que reinventan las antiguas. La historia se estaba escribiendo ante nuestros ojos. Podías ver las tendencias de los precios, pero, por algún motivo, no invertiste o, más bien, no invertiste la cantidad adecuada. El barco zarpó sin ti, llevándose consigo los incontables millones que podrías haber ganado.

Si sólo lo hubieras sabido...

Conozco bien ese sentimiento y, si vamos a ser sinceros, es muy posible que tú también. Tuve suerte de no volver a cometer el mismo error con Bitcoin, aunque cuando termines de leer este libro sabrás lo cerca que estuve de dejar escapar también esa oportunidad. Oí hablar de Bitcoin por primera vez en 2012, durante los inicios del internet móvil. Hoy sabemos que la tecnología estaba comenzando a moldear nuestras vidas. Compañías como Facebook, Amazon o Google se disponían a afirmar su dominio por vías que apenas cinco o diez años antes los inversores nunca habrían imaginado. Había quienes decían que estaban sobrevaloradas. Muchos atribuían el auge de sus acciones a unos tipos de interés ultrabajos. Se consideraban participaciones en tecnológicas, pero el mundo pronto descubriría que irían mucho más allá y llegarían a revolucionar todas las facetas de nuestras vidas. Hoy todo es tecnología o está relacionado con ella. Nombra una sola gran empresa con la que no puedas interactuar por medio de tu smartphone. En resumen, ese puñado de compañías transformaron el mundo, recompensando con creces a quienes invirtieron en ellas. Como de costumbre, para cuando todo el mundo se percató de su alcance, la mayoría de las ganancias ya se habían materializado.

Me gustaría decir que cuando oí hablar de Bitcoin por primera vez fui lo bastante perspicaz para comprender su potencial. No fue así, al menos no en un principio. Me mostré igual de escéptico que muchos pesos pesados de Wall Street. ¿Dinero digital de internet? ¡Venga, hombre! Recuerda que soy hijo de inmigrantes italianos, crecí en Long Island en los años sesenta y setenta. Tengo un olfato innato para detectar cualquier timo o engañifa susceptible de despojar a mis clientes o a mí del dinero que tanto esfuerzo nos costó reunir. Además, acumulo treinta años de experiencia en Wall Street, trabajando en empresas como Goldman Sachs y Neuberger Berman. Incluso cuando me decidí a fundar mi propia empresa de gestión de activos, seguía formando parte del sistema financiero convencional. Conocía a fondo las acciones, los bonos, los derivados, las divisas y todas las inversiones tradicionales. Lo que en 2012 aún no sabía era que tenía ante mí la que posiblemente fuera la mejor inversión de todos los tiempos. Una oportunidad única en la vida, mejor incluso que Apple o Amazon hacia el año 2000. El equivalente al fuego o la rueda. Por desgracia, me llevó ocho años comprenderlo, pero cuando al fin lo hice, me lancé de cabeza al mundo de Bitcoin.

Por supuesto, pocos viajes se emprenden en solitario, y tuve el honor de que me guiaran algunos de los mejores inversores del planeta. Algunos eran amigos, otros llegarían a serlo, pero todos son leyendas. En este libro, te contaré también sus historias. Tipos como Michael Saylor, Peter Briger, Michael Novogratz o Wences Casares: los pioneros de Bitcoin. Todos son inversores y empresarios que supieron ver la promesa que encerraba esta nueva tecnología y movieron ficha antes que nadie. Descubrirás cómo fueron capaces de vaticinar el futuro y tuvieron el coraje de desafiar no sólo el sentir popular, sino también a algunos de los nombres más prestigiosos de las finanzas: los *haters* de Bitcoin, figuras como Jamie Dimon, Warren Buffett o Charlie Munger. En un negocio en el que la reputación lo es todo, los pioneros de Bitcoin estaban dispuestos a arriesgarse a perder su buen nombre. Su convicción me inspiró a hacer lo propio. Así que, en 2020, cuando transformé SkyBridge de un negocio tradicional de Wall Street, del tipo «fondo de fondos», a una compañía de Bitcoin, sabía que me estaba jugando más que mi dinero: estaba en juego mi reputación. Sin embargo, tras aprender sobre esta nueva clase de activo, supe que los riesgos de quedarse al margen superaban de lejos los de apostar sobre seguro. Créeme: no fue una decisión fácil. Recibí una buena ración de pullas, desdén e invectivas por parte de la comunidad financiera establecida. Hice oídos sordos. La auténtica riqueza no se alcanza buscando la aprobación de los demás, sino siguiendo tu propio camino.

De hecho, ése es uno de los motivos por los que escribí el presente libro. Además de enseñarte los rudimentos de cómo funciona Bitcoin, o de explicarte por qué debería formar parte de cualquier cartera, espero inspirarte a ver más allá del caos y las distracciones que tan a menudo entorpecen la toma de decisiones financieras. Dejar que opiniones ajenas determinen la tuya puede tener consecuencias funestas, tanto en un plano personal como profesional. Puede que en las multitudes encuentres seguridad, pero una mentalidad gregaria puede suponer un peligro para tu dinero. Los inversores brillantes que se burlaban de Bitcoin no eran ni estúpidos ni incapaces de entender su funcionamiento. Sospecho que en la mayoría de los casos su aversión tenía más que ver con cómo creían que participar afectaría a su reputación. ¿Podría un (multi)milmillonario admitir haberse equivocado acerca de la que quizá sea la mayor invención del mundo, dar marcha atrás y subirse al carro después de que ya lo hubieran hecho un montón de inversores minoristas? Cuando eres tan rico, es posible que la única cosa que en verdad te importe sea tu buen nombre. Por suerte o por desgracia, la mayoría no tenemos ese problema, y podemos, por tanto, beneficiarnos de la que intuyo es la próxima gran clase de activo.

¿La próxima gran clase de activo? Sí, sin duda alguna. Nunca he estado tan convencido, en términos profesionales, de nada. Ahora bien, puede que estés pensando: «Echa el freno... No existe ninguna apuesta infalible». Y tendrías razón. Quizá te sorprenda, pero es probable que yo sea uno de los inversores más conservadores que llegues a conocer. No obstante, al terminar este libro, entenderás que Bitcoin es un vector de valor perfecto que resuelve muchos de los problemas tradicionales que han aquejado al dinero fíat durante siglos. Aprenderás a invertir en Bitcoin y conocerás el papel que debería desempeñar en tu cartera, sea cual sea tu perfil de inversor. Pero, sobre todo, comprenderás por qué, pese a sus enormes ganancias, el ascenso de Bitcoin no ha hecho más que empezar. Dada su fulgurante trayectoria, sé que esto puede sonar descabellado. Desde que se minó por primera vez el 3 de enero de 2009, el valor de cada moneda ha pasado de un centavo a más de 70.000 dólares. En algunos puntos de esa trayectoria, resultó bastante fácil compararlo con anteriores burbujas, ya sea la de los tulipanes o la de las tecnológicas de los años noventa. El enfoque opuesto, más trabajoso, habría consistido en tratar de dilucidar por qué estaba creciendo. Por supuesto, también ha sufrido muchos desplomes, pero después de leer estas páginas entenderás por qué eso es, de hecho, algo bueno. Ha sobrevivido a no pocos agentes malintencionados, incluidos gobiernos y agencias reguladoras que han procurado sabotearlo o prohibirlo de raíz. Y cada vez ha resurgido con más fuerza, ocupando un lugar más central en el sistema financiero global.

Tememos todo aquello que no entendemos, y ese temor nos impide tomar decisiones racionales, tanto en materia de inversiones como en asuntos personales. Si no comprendes algo, lo más fácil es ignorarlo y descartarlo. Sin embargo, esta actitud contraviene tu instinto de buscar nuevas y emocionantes posibilidades, ya se trate de tecnologías o de oportunidades de inversión. El miedo a lo desconocido puede hacer que te aferres a rutinas obsoletas, pero no es así como se construyen las grandes fortunas. Los inversores a menudo necesitan desaprender lo que se han pasado años aprendiendo. La gente recela de Bitcoin porque es una tecnología nueva, porque fue creada al margen del sistema financiero y porque alberga el potencial de transformar las finanzas tradicionales de maneras nunca vistas en el sector. Por eso algunas de las mentes más brillantes y de las instituciones más importantes se han lanzado de cabeza. Bajo la dirección de Larry Fink, BlackRock está acaparando con rapidez el mercado de los fondos cotizados en Bolsa (ETF, *exchange-traded funds*) de Bitcoin al contado, no por temor al futuro, sino para abrazarlo.

Al terminar este libro, no sólo entenderás el funcionamiento de Bitcoin, sino que sospecho que tú también querrás sumarte al cambio.

1

Introducción

—Papá, te has quedado completamente fuera de onda con la tecnología. Casi no sabes ni encender tu iPhone. —Quien me decía eso era mi hijo, AJ, y estaba a punto de darme uno de los mejores consejos que he recibido en toda mi vida—. No tienes ni idea de qué es la cadena de bloques ni el internet de las cosas —se quejó—. No te enteras.

AJ, que en el verano de 2012 trabajaba en Tesla, me urgía a ponerme al día.

—Tienes que actualizarte —sentenció, arremetiendo contra mi espíritu ludita.

Sugirió que asistiera a un curso magistral en la Universidad de la Singularidad. Pese a su nombre, este centro no es en absoluto una universidad, puesto que no cuenta con la acreditación necesaria para conceder diplomas certificados. En su lugar, ofrece algo mucho más útil: un atisbo al futuro.

Fundada por los futuristas y empresarios Ray Kurzweil y Peter Diamandis, el lema de esta institución es sencillo: «No temas al futuro, abrázalo».

Y así, en abril de 2013, me matriculé en el inmenso Centro de Investigación Ames de la NASA, en el corazón de Silicon Valley, California. La Universidad de la Singularidad ofrece cursos semanales a profesionales que combinan las mejores características de los laboratorios de ideas, los seminarios y las conferencias. Aprendes y entras en contacto con algunas de las mentes más lúcidas y visionarias del ámbito de la tecnología.

Fue entonces cuando adquirí mis primeras nociones sobre el mundo de los activos digitales de cadena de bloques, en particular sobre Bitcoin.

Diamandis conversaba con uno de los primeros desarrolladores de videojuegos de la historia, Hal Finney, quien fue además uno de los primeros adoptantes de Bitcoin. De hecho, fue el destinatario de la primera transacción jamás realizada en esta criptomoneda. Finney creyó desde el principio en las monedas digitales; de hecho, ya había experimentado con sus formas primigenias, como DigiCash. Sin embargo, esos protocolos se basaban en una estructura centralizada, y en Bitcoin al fin halló una moneda auténticamente libre y descentralizada. Entonces se dedicaba a su divulgación.

No hablaron tanto de la moneda en sí misma como de los factores que la impulsaban. Diamandis se refería a ellos como «Las seis D de los exponenciales», que consideraba las claves para identificar ideas de inversión lucrativas a largo plazo: digitalizar [*digitize*], desmaterializar [*dema-*

terialize], desmonetizar [*demonetize*], democratizar [*democratize*], engaño [*deception*] y, por último, disrupción [*disruption*].

Según Diamandis, si puedes digitalizar un producto o servicio, en la práctica puedes desmaterializarlo, reduciendo una realidad física a metadatos, a una serie de unos y ceros. Pasar de un bien o servicio tangible a uno virtual comporta un aumento drástico de eficiencia, pues en adelante todo cuanto se deberá manejar son datos. Digitalizar un producto lo abarata y lo vuelve mucho más disponible, democratizándolo para que cualquiera pueda adquirirlo. Antes de que te des cuenta, se habrá transmutado en una fuerza disruptiva en su sector.

De lo que en verdad estaba hablando es de cómo identificar tecnologías que abrigan el poder de alterar, redefinir y luego expandir diversas industrias. Diamandis las bautizó «tecnologías exponenciales», y no se refería a las pequeñas innovaciones, como un televisor en color frente a uno en blanco y negro. Estaba mucho más interesado en descubrir y aprovechar las ondas que hicieron posible la televisión. Piensa en la electricidad, la movilidad, los ordenadores. O la siguiente gran tecnología que transforma al instante todo cuanto toca: internet. Y ahora estaba volcando su atención en una que apenas llevaba en existencia un par de años y a la que muchos dirigían una mirada cínica.

—En Kodak cometieron el error garrafal de pensar que pertenecían al sector de los productos químicos y el papel —señaló Diamandis a su clase—. Tenían esa idea porque era de allí de donde sacaban sus beneficios, y consideraban una pérdida de tiempo todo lo que no contribuyera a ese negocio. —El problema estribaba en que la fotografía digital estaba experimentando un crecimiento exponencial—. Así las cosas, cuando llegó la cámara digital, los ejecutivos de Kodak echaron un vistazo al producto estándar de 0,01 megapíxeles y se echaron a reír. Pero al año siguiente era de 0,02 megapíxeles; luego, de 0,04; y más adelante, de 0,08. Y, después de treinta duplicaciones, superó a la cámara tradicional estándar, y Kodak cayó en bancarrota —explicó Diamandis.

Su argumento era sencillo: pasar del mundo físico al virtual constituye un proceso muy disruptivo y es posible que lucrativo, tanto para los bienes como para los servicios. Si una empresa o industria pretende evolucionar y sobrevivir, se trata de una transición necesaria: quienes no la realizan son inevitablemente devorados por la tecnología a medida que las industrias se vuelven más ligeras y eficientes. Piensa en todos los bienes físicos que tenías en casa hace apenas veinticinco años. Seguramente tenías una línea telefónica, que utilizaba grandes cantidades de plástico y cables, quizá incluso un contestador automático. Puede que poseyeras un equipo estéreo, con una torre de CD a su lado. Tenías una cámara, tal vez digital, pero más probablemente una de esas antiguas analógicas en las que era necesario sacar el carrete y llevarlo a revelar. Y no olvidemos el televisor, que requería un descodificador, y que podía estar acompañado por una pila de DVD que se alzaría no demasiado lejos de los CD. La mayoría —si no la totalidad— de esos aparatos han quedado reducidos a una secuencia de unos y ceros. Se han digitalizado, combinado y reimaginado en un dispositivo notable: el smartphone. Tu teléfono contiene tus fotos, tu música, tus películas y tu teléfono en sí mismo (por no decir tu ordenador): todas esas cosas físicas caben ahora en la palma de tu mano. En consecuencia, la capitalización de mercado de Apple, que asciende a 3 billones de dólares, supera a la de todo el mercado bursátil de Alemania y equivale a la mitad del de Japón. Un cambio abrumador engendra —y devora— una cantidad formidable de valor.

Siendo justos con los integrantes de Kodak, la fotografía digital parecía una apuesta perdedora y, de hecho, durante un tiempo lo fue. Pasar de un modelo de negocio rentable a uno que no lo es no ayudará a que la dirección se gane el favor de los accionistas. De lo que no se dieron cuenta es de que la digitalización no sólo era el futuro: era asimismo una línea de vida. Permitió la desmaterialización de las cámaras y películas fotográficas. Desmonetizó la captura de fotos hasta el punto de que, hoy en día, la mayoría de nosotros las tomamos de forma gratuita. Fruto de ello, no se tardó en democratizar la fotografía. Existen ocho mil millones de teléfonos en todo el mundo, y Kodak, Polaroid y Nikon se han quedado obsoletas. Toda una industria quedó reducida a una serie de unos y ceros. En 2000, Kodak anunció que se habían tomado 80.000 millones de fotos, una cifra récord; en 2022, se estima que se capturaron unos 1,5 billones.

—Bitcoin es la fotografía digital —apostilló Diamandis—. Antes de lo que sospecháis, digitalizará y desmaterializará la totalidad del sistema financiero, y a muchas instituciones tradicionales les sucederá lo mismo que le ocurrió a Kodak.

Se hizo el silencio en el aula.

Seré sincero: en realidad no entendía gran cosa. Conocía, apreciaba y respetaba a Diamandis: éramos de la misma quinta, ambos hijos de primera generación de inmigrantes, ambos de Long Island. Tiene una mente privilegiada y no se toma demasiado en serio, dos virtudes raras. Y su razonamiento resultaba difícil de rebatir.

Aun así, sonaba exagerado. Yo era el típico financiero tradicional con veinticinco años de experiencia en compañías como Goldman Sachs y Neuberger Berman. La idea de que el dinero pudiera existir al margen del sistema se me antojaba casi un absurdo. ¿Cómo podría algo que no estaba sancionado por el gobierno ser considerado «dinero» y terminar por desplazar al dólar? ¿Cómo podría sobrevivir en una forma exclusivamente etérea? Durante miles de años, el constructo del dinero se basó en objetos físicos: monedas, billetes, metales... y ahora la sociedad iba a abandonar ese principio y abrazar un concepto intangible. ¿De qué estaban hablando esos tipos?

Salí del seminario riéndome para mis adentros, y no tardé en hacer lo que sin duda he hecho demasiadas veces a lo largo de mi vida: ser un bocazas y acudir de inmediato a Twitter para mofarme.

«Que conste en acta: no sé qué es #bitcoin y no me *impotra* lo más mínimo. Caveat Emptor», tuiteé ufano.

El comprador asume el riesgo.

¿Sabes qué me avergüenza más de esas dieciocho palabras en la actualidad? No es la errata: eso no me *impotra* en absoluto. No son los millones que podría haber ganado si hubiera comprado en ese momento. Ni siquiera es que hubiera podido subir uno o dos peldaños en el molómetro de mi hijo. Es que había cerrado mi mente.

Mientras avancemos juntos en este viaje hacia lo que hoy creo que es una de las clases de activo más transformadoras y potencialmente lucrativas de todos los tiempos, te pido una única cosa: no caigas en mi mismo error. Ya seas un creyente o un escéptico, no descartes la posibilidad de estar equivocado. El mundo podría ser más grande —y estar evolucionando más rápido— de lo que piensas. Mantén una mente abierta y tu universo podría expandirse.

El mío estaba a punto de hacerlo.

2

Hora de salir a explorar

—Te lo digo en serio, Mooch[4] —sentenció el gran Mike Novogratz, introduciendo una pausa dramática mientras clavaba en mí sus duros ojos azules—. No es exagerado decir que se trata de una revolución cultural.

Cuando Novogratz habla, yo escucho.

Tenía ante mí a toda una leyenda: antiguo socio de Goldman, antiguo presidente del coloso de las inversiones Fortress, pero sobre todo dueño de una de las mentes más lúcidas y rigurosas de Wall Street. Era además una de las pocas voces de las finanzas tradicionales capaces de discernir el potencial futuro. En 2018, se aventuró en el Salvaje Oeste de Bitcoin y lanzó su propia empresa de inversión en criptoactivos, Galaxy Investment Partners, hoy valorada

4. Apodo del autor, Anthony Scaramucci, derivado de la pronunciación de su apellido en italiano. (*N. del t.*)

en miles de millones. También es un buen amigo, y lleva siéndolo más de veinte años.

—No hay nada parecido —remachó.

Era 2019 y Novogratz me había invitado a cenar en el Explorers Club, una sociedad que promueve la ciencia y la exploración. Entre sus antiguos miembros puedes encontrar nombres como James Cameron, Walter Cronkite[5] y Neil Armstrong. No es para pusilánimes. La sede se halla en una mansión de seis plantas del siglo XVII abarrotada hasta los topes de artefactos procedentes de todo el mundo: esquís que se utilizaron para cruzar el Ártico, animales disecados, trajes espaciales, reliquias de lugares remotos halladas por exploradores intrépidos. Aquella noche, Novogratz y yo emprendimos un tipo distinto de viaje.

—Es un sector fascinante —dije en un tono que dejaba entrever que restaba importancia a todo lo que estaba pasando con las criptomonedas—. Simplemente, no estoy seguro de su viabilidad para los inversores tradicionales.

Describiría a mi yo de ese momento como alguien con un profundo interés en el universo cripto. Incluso después de anunciar al mundo que no me importaba, Bitcoin no cesaba de intrigarme. De algún modo, era consciente de que había algo que todavía no alcanzaba a entender. No era sólo que la especulación con criptoactivos —por parte casi en exclusiva de inversores no institucionales—

5. Walter Cronkite fue un reportero famoso, conocido entre otras cosas por ser el primero en cubrir el asesinato de John F. Kennedy en 1963. Además, fue una figura clave de la divulgación de las ciencias, en particular de la exploración espacial. (*N. del t.*)

estuviera dando que hablar en las redes sociales: sentía que estaba sucediendo algo más profundo.

—El espacio cripto rezuma una energía que hacía mucho tiempo que no veía. Cuanto más indago, más me entusiasma —dijo Novogratz—. Lo que pasa es que va más allá de Bitcoin: se trata de una revolución en la economía y en el mundo descentralizado.

El propio Novogratz oyó ese nombre por primera vez durante su paso por Fortress, cuando un socio de la Costa Oeste le contó que en Silicon Valley todo el mundo hablaba sobre una nueva criptomoneda llamada Bitcoin. Espoleado por este comentario, realizó algunas pesquisas por su cuenta y no tardó en reconocer todos los ingredientes para una burbuja especulativa.

—Había muchos libertarios metidos en eso —recordaría más tarde—. Mucho antisistema. Los chinos se limitaban a ver cómo evolucionaban las cosas, y mi primer instinto fue juguetear un poco con ello por diversión.

Al principio, Novogratz adquirió una posición pequeña en su cuenta personal para poder experimentar y aprender sobre el tema, pero, como tantos otros, perdió el interés por el mundo cripto en cuanto Bitcoin comenzó a decaer. En 2015, abandonó Fortress, pero todavía conservaba una serie de inversiones personales en criptoactivos. Sin saber qué hacer con ellas, llamó a un compañero de la universidad, Joe Lubin —quien era una de las figuras clave en el desarrollo del proyecto Ethereum, una criptomoneda rival— y le preguntó si podían verse en sus oficinas de Bushwick, en Brooklyn, para hablar sobre sus finanzas.

Acudió a su despacho previendo que estarían él, su perro y quizá un asistente. En su lugar se encontró con una treintena de diligentes jóvenes apiñados en un almacén que se dedicaban a programar, charlar por teléfono y trazar planes para la revolución.

Se respiraba el ambiente de los primeros días de negociación extrabursátil del Nasdaq: desenfrenado y rebosante de una desmesurada confianza.

El olfato para las inversiones de Novogratz se activó, y de inmediato se hizo con una buena cantidad de Ethereum a un dólar, antes de emprender un largo viaje a la India. A su regreso, valían cinco dólares.

Años después, la fascinación y el entusiasmo de Novogratz por el universo cripto no hacían más que crecer.

—Esta comunidad asegura que existe una manera muy diferente de hacer las cosas. Creo que quienes se obcecan con Bitcoin pasan por alto lo más interesante —apuntaría más tarde—. En realidad, la revolución radica en la transición al mundo descentralizado.

Al igual que muchos de los primeros inversores, Novogratz se sentía atraído por el potencial de Bitcoin para transformar la industria de los servicios financieros tradicionales. Además, como agudo observador de las tendencias macroeconómicas, también era consciente de que los bancos centrales de todo el mundo parecían atrapados en una desenfrenada carrera por devaluar sus propias monedas. Sin embargo, no centraba su atención en el dinero, sino en la ingente cantidad de capital intelectual joven que estaba afluyendo hacia ese campo.

—Esos estudiantes tan inteligentes del MIT y de Harvard están hartos de Goldman Sachs y del Bank of America

—afirmó Novogratz—. Quieren esto —recalcó, indicando la última cotización de Bitcoin en la pantalla de su teléfono.

Durante aquella conversación, tomé conciencia por vez primera de la envergadura del asunto. No se trataba sólo de operaciones comerciales: era algo mucho más profundo, mucho más subversivo. Allí, en el Explorers Club, a escasos metros de un enorme oso polar embalsamado, me di cuenta de algo: tenía que cambiar el rumbo de mi empresa.

Cuando lancé SkyBridge, pocas compañías estaban haciendo lo que nosotros, si es que había alguna. Éramos un fondo de fondos: reuníamos dinero de pequeños inversores y lo invertíamos en fondos de cobertura mucho mayores, a los que de otro modo nunca habrían podido acceder. En algunos aspectos, este mecanismo democratizó la inversión. Hoy, un negocio familiar puede tener acceso al Third Point de Dan Loeb o al Point 72 de Steve Cohen, dos de los inversores más capaces y creativos del panorama actual.

Por supuesto, el modelo pronto se copió, lo cual, siendo sinceros, es la manera que tiene Wall Street de decirte que has tenido una idea excelente. Hacer algo innovador significa que puede no salir bien, pero asombra lo rápido que otras veces el escarnio se torna en imitación. Quizá por ello nunca he tenido miedo de tomar la delantera y descolgarme del resto.

No obstante, había un problema. Uno de los mayores errores estratégicos que puedes cometer es convertir una compañía financiera tradicional en cripto, sobre todo cuando Bitcoin está rondando su máximo histórico. Después de todo, no escaseaban los *haters* de las criptomonedas y, en mi caso personal, tras un tumultuoso y breve paso por la Casa Blanca, tampoco faltaban los *haters* de Scaramucci. Combina ambos y te habrás convertido en un blanco móvil. Pero Bitcoin encerraba un potencial demasiado grande, y cuando tomé conciencia de hasta qué punto podía cambiar las reglas de las finanzas, comprendí también que los riesgos de quedarse de brazos cruzados nunca habían sido tan inasumibles.

3

La sesión de *paddle surf* más rentable de la historia

¿Te acuerdas de Blockbuster?

De tener una única tienda en Dallas, Texas, creció hasta convertirse en la mayor compañía de alquiler de vídeos del mundo, con casi 9.000 sucursales diseminadas por todo el planeta y una facturación de 6.000 millones de dólares en 2004. Cosechó un éxito arrollador, erigiéndose en un auténtico coloso que dominaba por completo su mercado. Su modelo de negocio era bastante sencillo: cobrar una tarifa por el alquiler, y recargos adicionales por retraso y por no rebobinar la cinta. En el año 2000 facturó 800 millones de dólares en multas por retraso, casi el 16 por ciento de sus ingresos. La empresa se cotizaba en la Bolsa de Nueva York bajo el código BBI y contaba con una plantilla de casi 100.000 empleados. En apariencia, era invencible. ¿Quién habría podido desafiar su supremacía?

Así las cosas, cuando en 1997 dos veteranos de Silicon Valley frustrados por esos mismos recargos fundaron una diminuta compañía de alquiler de DVD por correo llamada Netflix, casi nadie en Blockbuster le prestó atención. Y cuando tres años más tarde esas mismas personas, Marc Randolph y Reed Hastings, le ofrecieron a Blockbuster su boyante *start-up* por 50 millones de dólares, el CEO de entonces, John Antioco, «se rio de ellos», comentando después a la prensa que la «histeria puntocom» estaba «yendo demasiado lejos».

Hoy, Blockbuster tiene una única tienda en Bend, Oregón. Netflix es un gigante de 300.000 millones de dólares que ha revolucionado los cines, los estudios, las parrillas de programación y la televisión por cable.

Resulta revelador constatar que Antioco no se equivocó del todo: en efecto, estalló una burbuja de internet. En el año 2000, las valoraciones estaban por las nubes. Sin embargo, lo que no supo ver es que Netflix, que por aquel entonces se limitaba a distribuir DVD por correo y ni siquiera había empezado a pensar en el *streaming*, ya estaba transformando su negocio.

No se dio cuenta de que, si Blockbuster era un carruaje, Netflix era un bólido de carreras. En 2010, apenas diez años después de que Netflix los abordara para ver si la adquirían, Blockbuster se declaró en bancarrota.

Conozco a muchas personas —sobre todo entre los ricos y exitosos— que se guían por el viejo dicho: «Si no está roto, no lo arregles». No obstante, un mejor consejo sería: «Si no está roto, rómpelo». Apple se reinventó a sí misma sustituyendo su icónico iPod por un todavía más aclamado iPhone, que ha llegado a coronarse como el dispositivo más popular de la historia. Varios años después, Netflix, que dominaba el segmento del alquiler de DVD por correo, transformó por completo su propio mercado introduciendo el *streaming*, que anulaba la necesidad de alquilar DVD, el núcleo mismo de su negocio. En no demasiado tiempo, se convirtió en el mayor creador de contenido a escala mundial, derrocando a Hollywood. En el espacio de veinte años, desplazó a toda una industria, repitiendo una vez más la historia de Kodak. Una empresa física dominante fue reducida y aniquilada por una secuencia de unos y ceros.

Bitcoin es Netflix, es el iPhone, es la última ráfaga de los irrefrenables vientos del cambio, que arrasarán con todo a su paso. Puedes surfear la ola o dejar que te arrolle.

—No quiero quedarme fuera —les dije a mis colegas—. Si no vamos a hacerlo, necesitamos motivos para ello, y tendremos que encontrar soluciones para esos problemas.

Antes de lanzar un fondo, debíamos sentirnos totalmente cómodos en tres ámbitos clave: escala, regulación y almacenamiento.

Y así, durante los siguientes dos años, mis socios y yo estudiamos Bitcoin y las criptomonedas lo más a fondo que pudimos. Leímos todo lo que encontramos en relación con Bitcoin y la historia del dinero. Gracias a nuestra extensa red, nos reunimos con los inversores y economistas más capaces y brillantes, incluidas figuras destacadas del sector de los criptoactivos, como Novogratz y los gemelos Winklevoss, quienes saltarían a la fama por la película *La red social* y más tarde fundarían Gemini, una empresa líder en ese campo. Necesitábamos sentirnos tan cómodos en el mundo de Bitcoin como lo estábamos en el mercado de renta variable.

Era finales de 2020, en plena pandemia, y todos estábamos teletrabajando desde casa. Convoqué una reunión: mi socio y codirector de inversiones Brett Messing, el jefe de investigación John Svolos, otros miembros de SkyBridge y yo nos disponíamos a anunciar al mundo que íbamos a ofrecer un fondo de Bitcoin.

Messing había sido una pieza fundamental a la hora de introducir a SkyBridge en el mundo cripto. Aunque sólo llevaba en la compañía un par de años, nos conocíamos desde Harvard y Oscar Capital Management, una gestora de activos que fundé a mediados de los noventa. Es un inversor de una habilidad, una inteligencia y un talento técnico apabullantes.

No obstante, como casi todo Wall Street, en un principio Messing se mostró más bien reticente acerca de las criptomonedas. El primero que le habló sobre Bitcoin fue el director de tecnología de su anterior fondo de cobertura, en el año 2014. Comenzó por algunas apuestas modestas en su cuenta personal, pero el colapso de una prominente plataforma de intercambio de criptomonedas y el posterior hundimiento de Bitcoin lo convencieron de que ese tipo de activo era demasiado especulativo y no estaba lo bastante maduro para que lo tomaran en serio inversores profesionales. Después de unirse a SkyBridge a petición mía, celebró una serie de reuniones con miembros destacados de la comunidad cripto, pero sus persistentes dudas en cuanto a su almacenamiento y regulación lo mantenían enrocado en el bando de los escépticos. Para su mente analítica, la cultura cripto se le antojaba un anatema: era de natural precavido y conservador, todo lo contrario de un HODLer (jerga de Bitcoin para *Hold On for Dear Life* ['aguanta como si te fuera la vida en ello']).

Sin embargo, se había pasado años estudiando este tema y seguía fascinado por el espacio cripto, así que, cuando a finales del verano de 2020 vino a decirme que era urgente que apostáramos por Bitcoin, sabía que lo tenía que escuchar.

—He almorzado con Briger, y nunca he estado más seguro de algo en mi vida —anunció Messing.

Peter Briger es copresidente de Fortress, una de las empresas financieras más importantes y exitosas del mundo. Durante el verano de la COVID, alquiló una casa en Malibú a pocas manzanas de donde vivía Messing y pronto se hicieron compañeros de *paddle surf*. En uno de sus paseos con distanciamiento social, surgió el tema de Bitcoin.

—¿Qué opinas de Bitcoin? —le preguntó a Messing—. He invertido mucho en él.

Messing sabía que Briger era uno de los primeros evangelistas de Bitcoin, algo que siempre le había parecido extraño. Allí estaba uno de los grandes inversores buitre de su generación, un hombre que se había enriquecido a través del arduo proceso de escrutar los balances de compañías en apuros, encontrar algún activo físico pasado por alto y comprar deuda por 35 centavos el dólar con la esperanza de venderla por 80 centavos al cabo de cuatro o cinco años. Esa misma persona, versada en el arcano lenguaje de los tramos sénior y no preferente de bonos en aprietos, que amasó una fortuna dejando que el tiempo corriese en contra de sus oponentes, estaba ensalzando ahora un activo que los críticos tachaban de no tener ningún valor intrínseco, ninguna métrica de valoración y, según muchos inversores tradicionales, ningún «valor real» en absoluto.

—Es algo que hemos estado estudiando en profundidad —respondió—. Pero todavía no estoy muy convencido.

Messing tenía dudas técnicas acerca de la logística de poseer Bitcoin en nombre de los inversores, pero también le preocupaba mucho la fiebre que se estaba gestando en torno al espacio cripto a mediados y finales de 2020. Parecía que a cada segundo se creaba una nueva criptomoneda, y quedaba claro que algunas no eran más que burdas estafas. Pero para Briger ésta era, de hecho, una prueba de fortaleza.

—Es ahí donde radica la resiliencia de Bitcoin —apuntó, animándose a medida que surcaba las olas—. Acababan de irrumpir 30.000 presuntos competidores en el espacio cripto, pero eso no detuvo la adquisición de Bitcoin. Con Bitcoin, todo se reduce a seguridad y soberanía.

Su tesis era relativamente sencilla.

—Es muy simple —dijo Briger, mientras se deslizaba con suavidad sobre su tabla—. Las compras no van a parar, la oferta es limitada, y cada vez lo querrán más instituciones. Y el precio continuará subiendo.

Se sentía especialmente atraído por el potencial que albergaba Bitcoin para socavar los márgenes del oligopolio bancario que representa la industria de los servicios financieros. En su opinión, la innovación estaba remodelando todos los ámbitos —desde internet hasta la telefonía— salvo uno: la banca.

—Los smartphones deberían brindar la posibilidad de operar a un coste mucho menor y, sin embargo, los intercambios y pagos siguen costando más o menos lo mismo que hace veinte o veinticinco años, debido a que el oligopolio no ha dejado que los precios bajen —señaló Briger.

Tenía toda la razón. La industria de los servicios financieros se había vuelto perezosa, avariciosa o ambas cosas. De hecho, la mayor parte de la innovación en el sector bancario no había venido de los bancos, sino de arribistas de Silicon Valley que salivaban ante la perspectiva de trastornar los beneficios de las instituciones financieras tradicionales.

Pero hay algo en lo que los bancos tradicionales destacan por encima de cualquier otra industria: sacar partido al marco reglamentario para defender sus productos y márgenes. Y pueden hacerlo porque tienen permitido operar como oligopolios regulados. Dado que el gobierno garantiza los depósitos, cuando suben los tipos, los bancos son capaces de atraer incluso más efectivo y, por tanto, ganar incluso más dinero.

No obstante, en opinión de Briger, si consiguieras soslayar toda esa infraestructura y negociar entre pares con una fricción mínima y una total seguridad financiera, habrías creado una maravilla tecnológica disruptiva de inmenso potencial lucrativo.

Durante ese período, varios inversores de enorme éxito estaban anunciando fuertes inversiones en Bitcoin, a menudo ante el público cautivo de *Squawk Box* en la CNBC. Peter Thiel la llamó una de las operaciones más absurdamente obvias y lo comparó con oro digital. De hecho, observó que la idea de poseer Bitcoin era tan trivial que resultaba probable que la mayoría de los inversores institucionales la pasaran por alto.

Y no era el único. Gente como Stan Druckenmiller y Bill Miller —apellidos que son sinónimo de éxito— se alzaron en vehemente apoyo de una clase de activo que en el verano de 2020 se hallaba en caída libre. Pese a ello, parecía estar formándose una mentalidad gregaria en torno al espacio cripto, y comprar Bitcoin en 2020 recordaba mucho a comprar Microsoft durante el punto álgido de 1999.

Briger posó su mirada en el sereno océano Pacífico. «Qué hermoso.»

Messing bromearía más tarde con que fue la sesión de *paddle surf* más lucrativa de la historia.

Aquel mismo día, durante el almuerzo, el primero le contó al segundo cómo había descubierto Bitcoin. Fue a través de un tipo llamado Wences Casares, un empresario tecnológico argentino que ayudó a poner en marcha el primer proveedor de internet de su país, Internet Argentina, y que fundó más tarde una correduría online, la cual vendió en el año 2000 al Banco Santander por más de 500 millones de dólares.

Se crio en un rancho de ovejas en Patagonia, y vivió en primera persona el repentino hundimiento de la economía y la moneda nacionales. Los reiterados colapsos monetarios devastaron una y otra vez las finanzas de sus padres, legándole una comprensión intuitiva de la fragilidad del sistema financiero y de lo rápido que algo puede perder todo su valor. Le gustaba contar la historia de cómo iba con su madre a hacer la compra al supermercado durante un brusco repunte de la hiperinflación a mediados de los ochenta. Ella llevaba dos bolsas de dinero que contenían su salario semanal. Se apresuraban en coger todos los productos posibles de las estanterías antes de que el gerente pudiese actualizar sus precios. Debido a la galopante inflación, el dinero real apenas si valía el papel en que se imprimía, y los precios de bienes y servicios no cesaban de fluctuar. En semejante escenario, lo mejor que uno podía hacer con el capital no era acumularlo, sino gastarlo lo antes posible. Ahorrar significaba perder, mientras que gastarlo era la única forma de sacarle provecho.

Dicha experiencia confirió a Wences una perspectiva única sobre la función esencial del dinero y conformó su sensibilidad acerca de las monedas y del papel que debían desempeñar en una sociedad. Su pasado, combinado con su trabajo como empresario tecnológico, le permitió comprender la interrelación entre conectividad, finanzas y tecnología mejor que nadie, consagrándolo como el embajador perfecto de Bitcoin.

De buena planta y seguro de sí mismo, Wences les cayó en gracia a otros adinerados inversores tecnológicos, y pronto se abrió un hueco en los círculos de Silicon Valley. Sería a través de estos contactos como introduciría a algunas de las personas más ricas y poderosas en Bitcoin, ganándose el título extraoficial de «paciente cero» por haber contagiado a tantos milmillonarios de Silicon Valley —incluidos, entre muchos otros, Thiel, Reid Hoffman y Chamath Palihapitiya— la fiebre de Bitcoin. Se rumorea que compró la moneda por 3 dólares.

Briger y Wences se conocieron durante un viaje familiar de esquí en una finca en las Montañas Rocosas canadienses en enero de 2013. Se trataba del típico lugar en el que te imaginas que veranean los milmillonarios: una mansión ubicada en una ladera, con gimnasios privados, dependencias separadas para el servicio, techos altos y chimeneas crepitantes en muchas estancias, con grandes sofás de cuero oscuro y pinturas y trofeos de caza colgados de las paredes, todo ello bañado por una luz tenue y cálida, el tipo de iluminación que hace que cualquiera se vea bien.

Después de un día de esquí en pistas remotas a las que se accedía en helicóptero, Briger, Wences y los demás invitados se retiraron a un amplio salón a conversar sobre lo que les permitía disfrutar de ese fastuoso tren de vida: inversiones.

Cuando Wences tomó la palabra, no habló sobre comprar algún oscuro bono soberano que el mercado había pasado por alto. Tampoco sobre Apple o Facebook, que ese año seguían rompiendo máximos a medida que las tecnologías impulsaban al alza el mercado. En su lugar, se explayó sobre lo que por aquel entonces todavía era un tipo desconocido de inversión, que a su parecer solucionaba un problema secular del dinero: Bitcoin.

Wences descubrió por primera vez la criptomoneda a principios de 2011. Él y un grupo de amigos estaban planeando un viaje por carretera en un viejo autobús escolar cuando recibió una llamada de uno de ellos desde Argentina. Necesitaba 2.000 dólares para reparaciones, y Wences debía mandar el dinero de inmediato. El problema estribaba en que en ese momento Argentina contaba con unos controles de capital draconianos. La transferencia bancaria no era una opción. Tampoco lo era Western Union. Si querías enviar efectivo al país, debías pasar por el Banco Central de Argentina, un proceso exasperante que parecía demasiado oneroso para una suma relativamente modesta.

Alguien del grupo sugirió utilizar esa nueva divisa digital llamada Bitcoin, mediante la cual se podía enviar dinero a cualquiera, en cualquier rincón del mundo, sin necesidad de intermediarios bancarios. A Wences, un hombre que sabía un par de cosas sobre tecnología financiera, ese concepto se le antojaba, como mínimo, un tanto sospechoso.

Pero el tiempo apremiaba, y su amigo necesitaba el dinero, así que decidió probar. Eran los inicios de Bitcoin, y todavía no existían ni PayPal ni Coinbase. Según se cuenta, entró en Craigslist[6] y encontró a alguien dispuesto a venderle 2.000 dólares de esta criptomoneda. En ese entonces, Bitcoin era en esencia una novedad, y adquirir unidades sin minarlas no era tarea fácil. De hecho, la mayoría de las transacciones se realizaban en persona: el vendedor entregaba al comprador un pendrive que contenía la criptomoneda.

Wences y su contraparte de Craigslist acordaron encontrarse en un cibercafé para efectuar el intercambio. Cuando llegó, se sentó frente a un tipo de melena blanca y aspecto asalvajado que parecía un personaje salido de *El señor de los anillos*.

Le entregó 2.000 dólares en efectivo, pero antes el hombre le pidió que se descargara una aplicación y escaneara un código QR.

6. Sitio web de anuncios clasificados. (*N. del t.*)

—Ya está hecho —anunció.

Todo el proceso se desarrolló tan rápido que, al marcharse, por un momento pensó que lo acababan de estafar. Sin embargo, unas horas más tarde, su amigo de Argentina lo llamó por teléfono.

—¡He recibido el Bitcoin! Ya tenemos todo el dinero. El autobús debería estar listo. Me muero de ganas de verte. ¡Gracias!

Wences no daba crédito.

Pero sucedió algo más: se había enganchado, había contraído una obsesión. Leía todo cuanto cayera en sus manos y se paraba a charlar con cualquiera que se cruzara sobre el espacio cripto. Estaba extasiado ante la perspectiva de una estructura completamente descentralizada que permitía a los usuarios intercambiar valor sin ningún coste. Además, debido al modo en que funcionaba Bitcoin (véase una explicación más detallada más adelante), se sentía absolutamente seguro realizando transacciones a través de su red, lo que llamaban la *cadena de bloques* (véase también más adelante). De hecho, llegó a contratar a un grupo de hackers para que buscaran fallas de seguridad en el sistema.

No encontraron ninguna.

—Para mí, Bitcoin es como internet a principios de los noventa —dijo Wences.

A primera vista, la analogía se antoja algo peregrina. ¿En qué se parece una moneda digital recién creada, proveniente de oscuros orígenes, a la perpetua expansión de internet? Sin embargo, para Wences, Bitcoin y la cadena de bloques eran la otra cara de internet: su cara financiera.

Imagina que pudieses extender todas las posibilidades que brinda internet a las propiedades del dinero y del oro digital. Se trataba de una declaración contundente, en especial viniendo de un hombre conocido por lanzar internet en Argentina y que estuvo a la vanguardia de muchas empresas de tecnología financiera, incluida Banco Lemon, que prestaba servicios financieros a quienes no disponían de una cuenta bancaria en Brasil.

Recuerda cómo era internet a mediados de los noventa: muy rudimentario. Los navegadores eran un engorro. Tenías que llamar a internet utilizando una línea telefónica. La conexión era lenta. La descarga de imágenes solía fallar. Ver vídeos era casi imposible a menos que tuvieras la mejor conexión, e incluso en ese caso de manera pixelada y precaria. Lo único en lo que sobresalía era para intercambiar e-mails y leer las últimas noticias online. Sin embargo, pese a sus limitaciones, el internet primitivo era ya una fuerza disruptiva que eliminó a los intermediarios de muchos negocios e instituciones tradicionales.

En el año 2000, el volumen de envíos por correo postal de primera clase alcanzó un total de 103.526. Desde entonces, esa cifra no ha hecho sino disminuir, hasta el punto de que el año pasado cayó al nivel de 1969. Y eso no es más que el comienzo.

En el año 2000, los ingresos publicitarios estimados para la prensa ascendieron a 50.000 millones de dólares en Estados Unidos, y la tirada diaria de todos los periódicos en circulación alcanzó los 80 millones, según Pew Research. Hoy, tales cifras parecen casi una fantasía. La publicidad genera alrededor de 10.000 millones de dólares, y la circulación total ronda los 20 millones de unidades. Las personas se han trasladado al mundo online. Nadie necesita un periódico físico cuando puede leer el mismo artículo más rápido en su teléfono. Por emplear la terminología de Peter Diamandis, la industria se había digitalizado, desmaterializado y, en última instancia, desmonetizado.

Este proceso captó la atención de los inversores, dando paso a la primera era de las puntocom. Ahora bien, lo interesante acerca del auge de estas empresas en los noventa es que fue algo más que una mera burbuja. Amazon se creó en 1994 como una manera de vender libros por correo, algo que parecía ridículo al aficionado a Barnes & Noble.[7] De hecho, el presidente de esta última empresa, Leonard Riggio, declaró que llegaría el día en que «aplastaría» a Amazon. Pero Jeff Bezos veía que internet estaba creciendo a un 2.300 por ciento anual, y sabía que a la gente le gusta comprar libros. Cuando la compañía salió a Bolsa en 1997, fue un éxito inmediato entre los inversores, pese a que seguía perdiendo dinero. ¿Se precipitaron? Desde luego. Cuando las acciones de Amazon —como las de muchas empresas tecnológicas de altos vuelos de finales de los noventa— terminaron por desplomarse en el año 2000, llegando a perder un 90 por ciento de su valor, muchos inversores tradicionales no pudieron evitar regodearse en la catástrofe. Incluso el Bank of America, que asignaba una calificación de «Comprar» a la compañía, instó al público a evitar la acción, alegando en parte las valoraciones y en

7. Cadena de librerías de gran popularidad en Estados Unidos. (*N. del t.*)

parte la desaceleración de la temporada de compras debido al hundimiento del mercado bursátil.

Lo que muchos en su momento no supieron ver es que Amazon no se dedicaba a enviar libros. Su valor no estaba ligado a los vaivenes de la temporada vacacional. Amazon venía a cambiarlo todo. Es famosa la declaración de Bezos: «Tu margen es mi oportunidad», con lo que insinuaba que su compañía podía convertirse en el minorista más eficiente del mundo, gracias a que eliminaba intermediarios, ofrecía a sus clientes cuanto se les antojara —desde alimentos, entretenimiento o libros hasta muebles o aire acondicionado— y se lo entregaba en un máximo de dos días.

En 1994 habría sido casi imposible pronosticar el poder disruptivo de internet, pero treinta años más tarde todo cuanto hacemos gira en torno a esta tecnología: vemos vídeos en alta definición, utilizamos servicios bancarios, negociamos con acciones, enviamos vídeos e imágenes complejas en un abrir y cerrar de ojos, compramos de todo, desde comida hasta automóviles... y todo ello por medio de un dispositivo que pesa 200 gramos y cabe de sobra en un bolsillo. La moraleja de esta historia es que resulta difícil calcular el precio de un activo basado en una tecnología en fase incipiente. No importa qué ejemplo tomemos: Apple, Amazon, Google..., el ciclo de adopción temprana siempre es volátil y, en consecuencia, los precios a menudo se disparan, se desploman, y terminan por repuntar de nuevo, a medida que las compañías se reinventan y crean nuevos negocios.

Bitcoin está siguiendo la misma trayectoria que todas las demás tecnologías innovadoras. Hay adoptantes precoces, devotos con tintes sectarios. Son los primeros en utilizar teléfonos móviles, las personas que en los ochenta estaban en la cresta de la ola, canalizando su Gordon Gekko[8] interior gritando por un zapatófono. Pero su armatoste va menguando, doblándose, incorporando nuevas funciones a medida que más personas se suman a la red. Antes de que te des cuenta, todo el mundo tiene un teléfono móvil. ¿Por qué? Porque es más conveniente y práctico que una línea fija, a pesar de que esta última nos sirvió de maravilla durante cincuenta años. Imagina vivir sin un smartphone hoy en día.

Huelga decir que, una vez que se rompe el ciclo de euforia, la acción se hunde y los críticos gritan al unísono «¡Te lo dije!», pero ocurre algo más. La tecnología se va perfeccionando. Más gente comienza a utilizar Amazon. De improviso, despega, y todo el mundo se queda pensando: «¿Qué ha pasado? ¿Cómo he podido perdérmelo? Era tan obvio...».

A Wences siempre le intrigó que muchos de sus primeros accionistas se deshicieran de las acciones de la compañía antes de que alcanzara la madurez.

—Lo interesante fue que muchos de los entendidos que poseían Amazon antes de la OPV vendieron sus títulos, con la excepción del fundador —observó Wences—. Y eso es algo que sucede a menudo con las tecnologías disruptivas. Si examinas la evolución de muchas empresas en este ámbito, una gran parte de los participantes vendieron de-

8. Personaje de ficción protagonista de la película *Wall Street*, corredor de Bolsa poco escrupuloso de gran ambición y talento. (*N. del t.*)

masiado pronto. Quizá no percibían ningún salario o necesitaban el dinero, o quizá se conformaban con unas ganancias modestas y no eran capaces de entender su pleno potencial. Creo que con Bitcoin está sucediendo lo mismo.

Este episodio encendió la chispa de la curiosidad en Briger, que pronto se convirtió en una pasión, y luego cristalizó en una serie de importantes inversiones.

Años más tarde, sentado sobre una tabla de *paddle surf* en el Pacífico, también Messing contraería la fiebre de Bitcoin.

—Lo interesante es que si Briger hubiera sido algún *tech bro* de Silicon Valley, no le habría prestado ninguna atención —añadió Messing.

4

¿Por qué Bitcoin?

Para mí, Bitcoin representa el producto de combinar el poder transformador de internet con el poder inmutable del valor en todas sus formas. Es el internet del dinero, un sistema de tráfico que se mueve a la velocidad de la luz y procesa transacciones de una manera imposible de hackear. Se basa en una estructura descentralizada, en la que la confianza y la verificación son responsabilidades compartidas. Bitcoin y la cadena de bloques podrían suponer para el dinero lo que supuso el telégrafo para la información: cambiar radicalmente el modo en que se transfiere y engendrar nuevas industrias.

Tal vez estés pensando: «Mooch, no te embales. El dinero digital lleva años existiendo. Western Union se fundó en el siglo XIX. Puedo hacer un bízum de efectivo digital a mis amigos desde mi teléfono».

Todo eso es cierto, pero se trata de redes cerradas punto a punto que habitan dentro del edificio financiero. Están totalmente reguladas y controladas por órganos gubernamentales de todo el mundo. Bitcoin está descentralizado. Existe fuera de ese constructo, gracias a un programa tan sencillo e ingenioso (más sobre esto más adelante) que transformará para siempre el mundo financiero. No está controlado por ninguna entidad pública. No necesitas un banco para operar con Bitcoin. Aunque se está integrando cada vez más en el sistema financiero, sigue conservando su plena independencia. Si lo deseas, puedes sacar Bitcoin de la red para realizar transacciones cotidianas.

Se trata de la primera moneda global que no es emitida ni por un banco central ni por una autoridad gubernamental y que está bajo el control total de las personas: un salto cuántico en la historia monetaria. En algunos aspectos, cumple la promesa original del dinero de poder transferir y almacenar valor, algo que reviste una importancia capital. Todas las divisas del mundo son puestas en circulación por el banco central de un país y están respaldadas por la plena fe y crédito de su gobierno. Si viajas a Europa, tendrás que llevarte tus dólares, que son emitidos por la Reserva Federal, y cambiarlos por euros, que son emitidos por el Banco Central Europeo. A fin de regular sus respectivas economías, tales bancos centrales controlan la oferta monetaria. Desde la gran crisis financiera de 2008, todos se han puesto a imprimir dinero como locos en un intento por reflotar sus economías.

En la práctica, este fenómeno ha actuado como un impuesto tácito sobre sus ciudadanos. Una moneda se devalúa a medida que aumenta su volumen en circulación. No es más que la ley de la oferta y la demanda: cuanto mayor sea la cantidad de un bien, menor será su valor. En consecuencia, la impresión de dinero por parte de los bancos centrales, otrora un tema abstruso reservado a los académicos y economistas, es hoy objeto de debate público. Personas que de otro modo nunca se habrían preocupado por la política de la Reserva Federal empezaron a protestar. ¿Recuerdas el movimiento Tea Party? Todo surgió de un sentimiento de rechazo contra lo que algunos consideraban un peligro moral que favorecía a un sistema amañado, en el que los pequeños ahorradores pagaban los platos rotos a través de una mayor inflación.

Sus orígenes se remontan a los ingentes paquetes de rescate que el gobierno concedió a los grandes bancos después de que estuvieran al borde del colapso durante la crisis de las *subprime* de 2008. Los avances en materia de ingeniería financiera permitieron a más ciudadanos estadounidenses acceder a una hipoteca. En términos generales, esto es algo positivo, puesto que poseer una vivienda es el camino hacia el sueño americano. Todo el mundo estaba sacando tajada de las viviendas: los caseros se estaban haciendo ricos, los bancos estaban ganando dinero y el gobierno había creado todo un nuevo mercado para la deuda hipotecaria. Sin embargo, Wall Street siempre será Wall Street, y muchas entidades comenzaron a conceder hipotecas cada vez más arriesgadas a personas que no podían permitírselas. Todo iba bien hasta que un día esos mismos deudores no pudieron satisfacer sus pagos y, de golpe, todo el sistema se vino abajo. Frente a una crisis que ocurre una vez cada generación, los legisladores tenían dos opciones: dejar que los bancos quebraran y permitir que la economía de Estados Unidos se sumiera en una segunda Gran Depresión o acometer el mayor experimento de política fiscal que jamás había llevado a cabo un banco central. Optaron por lo segundo, emprendiendo un esfuerzo sin precedentes para estimular el sistema financiero mediante la ampliación del balance de la Reserva Federal y la impresión de billones de dólares.

La estrategia cumplió su propósito, pero a costa de condonar tácitamente un comportamiento imprudente. Como mucha gente constató, los bancos podían asumir riesgos desmedidos, en beneficio de las personas que los dirigían, y el gobierno de Estados Unidos estaría allí para limpiar los destrozos si todo se iba al garete. No se condenó por cargo alguno a ningún directivo de las principales instituciones financieras implicadas en la crisis hipotecaria.

De pronto, surgió un movimiento populista contra Wall Street. Personas que nunca antes se habían manifestado se estaban echando a la calle en la protesta «Occupy Wall Street», en un esfuerzo por «detener a los peces gordos». Se quejaban de que las medidas de la Reserva Federal salvasen a los superricos y pasaran la cuenta a todo el mundo. De la noche a la mañana, se convirtieron en los villanos: en 2001, la confianza pública en la Reserva Federal presidida por Alan Greenspan se situaba en un 74 por ciento; para 2012 había caído a un 39 por ciento.

De todo ese recelo y rabia nació la aceptación de una alternativa. En los días críticos de 2008-2010, nadie estaba pensando siquiera en Bitcoin, pero algunas facciones descontentas estaban listas para algo nuevo, algo ajeno al sistema, algo que fuese realmente suyo y que nadie pudiera tocar, diluir ni arrebatarles para encubrir los chanchullos de un selecto grupo de poderosos, o eso se pensaba.

Francamente, yo no compartía ese sentimiento: permanecía concentrado en el bienestar de mis clientes y la integridad del sistema financiero. Era consciente de que la ira y el resentimiento contra Wall Street se estaban adueñando del país. Entendía esa frustración, pero si soy sincero, en lo más crudo de 2008 y 2009, estaba más preocupado por cumplir con mis empleados. Aun así, por primera vez, personas corrientes se mostraban desencantadas con el sistema financiero que conocían y abiertas a una alternativa que pudiese operar dentro del sistema vigente, pero que existiera al margen de él.

Cuando la COVID paralizó el mundo y los bancos centrales recurrieron a los mismos trucos que en 2008, me quedó claro que cada vez más inversores buscarían una alternativa a los dólares fiat. Tenía sentido. No se trataba de una desavenencia acerca de la política monetaria o de la necesidad de recortar el gasto público. Después de la respuesta fiscal y monetaria a la Gran Recesión, y ahora a la COVID, protegerse frente a la devaluación se convirtió en una responsabilidad fiduciaria.

Aunque me respaldaban la lógica y la razón, pasar de una gestión de activos tradicional a un fondo de Bitcoin suponía un enorme salto empresarial y vital. Si no salía bien y se desplomaba, es muy posible que fuese el fin de mi carrera profesional: sería para siempre el tipo de Wall Street que compró durante el pico y se arruinó.

No obstante, mientras pensaba en dar el paso, recordé una conversación que tuve con Michael Saylor. No podíamos dejar de hablar sobre Bitcoin. Su postura es maximalista: en su mente, no existe mejor inversión en el mundo.

Saylor es uno de los grandes genios de nuestro tiempo. Tras graduarse en el MIT, fundó la compañía de software MicroStrategy a principios de los años noventa, justo antes del esplendor de internet. Su empresa era una golosa puntocom, y vivió de primera mano lo rápido que un auge puede tornarse en caída. Sus cabellos grises y su corta barba escondían un espíritu juvenil. En realidad, es más que un empresario: es un futurista, y sabía cómo aprovechar tendencias que otros ni tan siquiera percibían.

Sin embargo, a diferencia de muchos entusiastas de Bitcoin, Saylor no se apresuró. De hecho, hizo todo lo contrario: en diciembre de 2013, entró en Twitter y escribió el lapidario mensaje:

**#Bitcoin tiene sus días contados,
parece cuestión de tiempo que acabe igual
que las apuestas online.**

A decir verdad, los primeros días de Bitcoin fueron inciertos e inquietantes. No era raro que se hackeasen plataformas de intercambio, y el marco normativo era un absoluto desastre. Se trataba de un fenómeno emergente en el ciberespacio y todavía no estaba claro si era un título de renta variable o una mercancía. ¿Cómo responderían los gobiernos y reguladores a su pujanza? Nadie lo sabía.

Con el tiempo, Bitcoin no hizo sino crecer y revalorizarse, y Saylor entendió que esta resiliencia hablaba de la persistencia de su valor. También era significativo que ninguno de los muchos imitadores en forma de criptomonedas competidoras que habían surgido al calor de Bitcoin hubiera hecho mella en su primacía.

Cuando realizamos nuestra primera inversión, llamé a Saylor.

—¿Qué es lo que hace que Bitcoin suba? —le pregunté.

—Deja que te responda con otra pregunta —contestó—. ¿De qué cosa no pueden fabricar más? —El «ellos» implícito al que se refería no era una única entidad, sino que lo englobaba todo: gobiernos, corporaciones, ciudadanos. Cualquier cosa susceptible de arruinar el valor—. ¿Dinero? —prosiguió—. Los gobiernos lo imprimen sin cesar. ¿Bonos? Nunca han impreso tantos.

¿Bienes raíces?

Para Saylor, los inmuebles no eran en absoluto un bien escaso. En conversaciones posteriores, a menudo señalaría que las costas, los espacios más codiciados para edificar debido a su escasez, parecían extenderse siempre más.

—No paran de construir. ¿Viviendas en primera línea de playa? Pues alargan el litoral. Mira Dubái: está lleno de propiedades frente a una playa artificial. Mira Miami —añadiría más tarde—. Cuando se quedan sin espacio, pues hacen más. ¿Alguna vez has volado sobre el centro del país? No hay más que suelo edificable.

Los vecindarios pueden malograrse, huracanes u otras

catástrofes naturales pueden golpear de improviso, el mantenimiento y los seguros absorben los costes. Desde el punto de vista de Saylor, no se trata de un bien en verdad escaso.

—Las empresas cotizadas se enfrentan a la competencia, los riesgos arancelarios, los riesgos de ejecución..., los riesgos gubernamentales. Alibaba es una gran compañía, pero sólo mientras el gobierno chino no decida prohibirla. Si sumas todos esos riesgos, llegas al 7 por ciento anual —concluyó en alusión al rendimiento promedio de la renta variable a largo plazo.

Incluso las empresas dominantes afrontaban riesgos en forma de competencia o tecnología. En los años ochenta y noventa, Xerox[9] era un verbo en inglés: ahora es un chiste.

En su opinión, cualquier inversión era susceptible de ser diluida o manipulada, con una sola excepción.

—Bitcoin se ha copiado 6.000 veces, y todas esas copias han fracasado. Ya acapara el 95 por ciento de toda la energía monetaria en el espacio cripto. Para mí, eso significa que Bitcoin es Facebook, no MySpace.

MySpace fue una red social de arrolladora popularidad que antecedió a Facebook, o como se conocía en esos tiempos, «The Facebook». Fundada en 2003 por el desertor de la UCLA y músico Tom Anderson, creció hasta convertirse en el mayor sitio web del mundo. Hoy cuesta creer, pero en ese entonces MySpace tenía más tráfico que Google. En 2005, la empresa News Corporation de Rupert Murdoch la

9. En esa época, el verbo *to xerox* se empleaba por antonomasia en inglés en el sentido de fotocopiar. (*N. del t.*)

adquirió por 580 millones de dólares. Para 2007, registraba 320.000 cuentas nuevas al día y parecía estar bastante a salvo de toda competencia. Propició una emergente cultura tecnológica respaldada por un milmillonario de los medios tradicionales y ascendía a un ritmo imparable. Pero el ambiente de News Corporation ahogó el espíritu innovador de la red social y, poco después de que Anderson se marchara, se vio desplazada por una nueva *start-up* llamada Facebook con un tipo llamado Mark Zuckerberg a la cabeza. Este último no estaba interesado en vender: aspiraba a conquistar las redes sociales y tenía una comprensión casi intuitiva de la importancia de mantener y redoblar los esfuerzos de expansión de la red. Sin ella, la compañía no era nada, como demostró el caso de MySpace.

—La gente entiende que no es una moneda, ni tampoco una red de pago —apuntó Saylor.

Desde su punto de vista, ni siquiera era oro digital.

Bitcoin resolvía una multitud de problemas que llevaban siglos aquejando a la industria de los servicios financieros. Además, a diferencia de cualquier otra clase de activo existente, era incorruptible. No se podían fabricar más. Se caracterizaba por una escasez verdadera, y había una demanda. Era el futuro de la propiedad digital, y sólo era cuestión de tiempo que Wall Street otorgara su beneplácito y se produjera una adopción masiva.

Según Saylor, los caóticos inicios de las criptomonedas libraron al mercado de muchos malos actores. El marco normativo y el tratamiento fiscal se habían aclarado. Incluso estaba cuajando un consenso en la comunidad inversora acerca de qué era en realidad Bitcoin.

—Es más que todo eso: un banco en el ciberespacio que permite a millones de personas depositar su dinero. Bitcoin ha pasado de ser una historia de apuestas de casino a convertirse en una cuenta de ahorros que perdurará hasta el fin de los tiempos.

Sus detractores se basaban en sentimientos, mientras que sus partidarios se ceñían a los hechos, y éstos eran simples: Bitcoin había aplastado a todas las demás inversiones del último año, y también de los últimos cinco y diez años. A finales de 2020, se había revalorizado más de un 45.000 por ciento desde su creación.

Teníamos el futuro ante nosotros y había llegado la hora de mover ficha. Así que, en lugar de dejarnos arrollar, mis socios y yo decidimos tomar la delantera. Convoqué una reunión.

5

La moneda en sí misma

Aunque los orígenes de la tecnología de cadena de bloques son nebulosos y existen referencias académicas a tecnologías similares que se remontan a los años setenta, la mayoría coincide en que el origen de Bitcoin puede rastrearse hasta una persona (o grupo de personas) que utiliza el seudónimo de Satoshi Nakamoto. Hasta el 31 de octubre de 2008, nadie había oído mencionar ese nombre, pero un libro blanco de ocho páginas de su supuesta autoría fue enviado a una lista de distribución. ¿Quién es Nakamoto? Nadie lo sabe. El artículo sólo contenía un enlace al sitio web <http://bitcoin.com>.

Hay quien sospecha que Nakamoto es en realidad más de una persona; otros creen que Satoshi es una operación psicológica (PSYOP) implementada por la Agencia Central de Inteligencia (CIA). Sea quien fuere, el texto lanzó una idea tan revolucionaria y brillante que cambiaría el dinero para siempre.

Acuñó el concepto moderno —y la concepción popular— de un token o «moneda» digital vinculado a los conceptos de «cadena de bloques» y «minería», y explicó cómo pueden funcionar juntos estos tres elementos para permitir a una parte transferir valor a otra sin necesidad de un intermediario. El artículo proponía operar de forma explícita al margen del sistema financiero tradicional y al resguardo de la supervisión del gobierno, y exponía cómo dos partes podían intercambiar valor sin que mediara un bien físico y sin recurrir a una entidad bancaria o gubernamental.

Se trataba de un giro copernicano. El dinero digital existía ya desde hacía algún tiempo, pero siempre en redes punto a punto de circuito cerrado. Productos como DigiCash y eCash existían a comienzos de los noventa como formas de pago que eludían el sistema financiero establecido. Sin embargo, se basaban en un funcionamiento centralizado y dependían de la red para confirmar las transacciones. Bitcoin presentaba una arquitectura descentralizada: su red se componía de partes dispares que ejercían todas como usuarios, pero también, y sobre todo, como custodios.

Las transacciones de Bitcoin se inscribirían en un registro contable digital distribuido llamado *cadena de bloques*. Cualquiera con una conexión a internet y acceso a un equipo informático y a energía podía elegir participar en un proceso para registrar y verificar esas transacciones, denominado *minado*, o recibir una copia del registro contable que ese proceso producía, denominado *nodo*. Aquellos usuarios que decidían minar Bitcoin, es decir, quienes disponían de los conocimientos técnicos y del equipo especializado, podían resolver complejos problemas matemáticos mediante una versión sofisticada del método de prueba y error y ser recompensados por ello. De este modo, los mineros mantenían la confianza y la integridad del registro contable y garantizaban que nadie pudiese gastar dos veces los mismos bitcoins. Para incentivar a esta legión de trabajadores independientes, el escrito de Nakamoto afirmaba que cualquiera que consiguiera verificar 1 megabyte (MB) de transacciones sería premiado con una fracción de Bitcoin. Sin embargo, los mineros hacen algo más que comprobar operaciones: aportan la confianza descentralizada crucial para preservar el ecosistema de Bitcoin y, al autenticar cada transacción, salvaguardan su legitimidad.

Las transacciones individuales (por ejemplo, una persona que envía algo de Bitcoin a otra) se agrupan en bloques y luego se añaden a una cadena (de allí el nombre de la tecnología). Para confirmar un bloque, un minero debe resolver esta serie de abstrusos problemas matemáticos antes de que lo hagan los demás. En concreto, se trata de adivinar un número hexadecimal de 64 dígitos llamado *hash*, cuyo carácter único lo vuelve difícil de replicar. El proceso de confirmar y validar las transacciones se denomina *prueba de trabajo*. Puedes imaginarlo como un ciclo virtuoso en el que los mineros mantienen el registro contable, o cadena de bloques, y reciben tokens en contraprestación (en este caso bitcoins).

En muchos aspectos, el proceso de minado de Bitcoin es análogo a la minería de oro: con el tiempo, se va haciendo cada vez más difícil, y esta escasez planificada debería impulsar al alza su precio. Nakamoto previó este diseño concreto al crear el protocolo original de Bitcoin, pues se aseguró de que sólo se generarían 21 millones de monedas. Eso es todo: nunca habrá más, y es esa escasez lo que confiere valor a Bitcoin. A diferencia de la mayoría de gobiernos, que pueden imprimir —y llevan imprimiendo— dinero como si no hubiera un mañana, los mineros no pueden crear más de 21 millones de monedas. En un cierto sentido, todos los bitcoins que jamás existirán ya se han emitido: todo cuanto puedes hacer es minar para liberarlos, y ese proceso está pensado para ir complicándose cada vez más. De hecho, la recompensa por minar se reduce a la mitad cada vez que se minan 210.000 bloques, un evento conocido como *halving*. Ir dificultando el minado de Bitcoin preserva su escasez.

Si de pronto descubriéramos que las reservas son mayores de lo que creíamos, o si su extracción se hiciera más fácil o barata con el tiempo, el oro se depreciaría. La idea de viajar a asteroides para minar vastas cantidades de este metal no está muy bien pensada, dado que, incluso si pudiese hacerse, el resultado sería inundar el mercado del oro con un billón de dólares en especie, lo que no tardaría en hundir su precio: oferta y demanda.

Pero vayamos poco a poco: analicemos todo esto en términos más sencillos.

Si quisiera enviarte 100 dólares, podría coger mi teléfono, ingresar en mi banco y transferir dinero de mi cuenta a la tuya. Tu banco confía en que mi banco sabe cuál es el saldo de mi cuenta. Dicho de otro modo: puedo apoquinar. Entonces, ambos se ponen manos a la obra: el mío debita 100 dólares de mi cuenta y envía el mensaje a tu banco, que abona 100 dólares en la tuya. Además de las dos entidades implicadas, hay intermediarios que las ayudan a comunicarse y a validar esos importes, así como a garantizar que todas las partes involucradas actúan de buena fe. Si la transferencia es transfronteriza, es probable que estos bancos necesiten incluso más intermediarios, todo ello simplemente para crear un registro contable de cuentas y asegurarse de que, en efecto, poseo 100 dólares. A cambio de esta asistencia, se carga una comisión (o, mejor dicho, unas comisiones) para pagar a todos los intermediarios que hicieron posible la transacción. Dichas tasas van acumulándose, y el proceso puede llevar mucho tiempo (días, incluso semanas).

La cadena de bloques prescinde de tales intermediarios al externalizar ese proceso de confirmación y verificación de la transacción a los mineros. Por consiguiente, los nodos que conforman el registro contable que rastrea todas las transacciones se mantienen mediante un sistema global distribuido de participantes voluntarios. Cada transacción se inscribe en un bloque, y cuando agregas un puñado de esas transacciones o bloques juntos, se crea una cadena: la cadena de bloques. Los mineros comprueban y actualizan de forma continua la cadena de bloques, y se envía una copia a todas las personas que ejecutan un nodo.

Además, el artículo de Satoshi resolvió otro problema muy importante: el doble gasto. La gente lleva intentando crear dinero digital desde que se acuñó el término *digital*. El problema con muchas de las primeras monedas de este tipo radicaba en que eran fáciles de copiar y, en la práctica, personas sin escrúpulos podían gastar dos veces la misma suma. Sin embargo, gracias a la criptografía y la cadena de bloques, los mineros verifican todas esas transacciones y el bloque. Se trataba de una revolución radical: antes de ese artículo, nadie había encontrado una solución para impedir la doble contabilidad de monedas digitales.

Ahora bien, algunos podríais pensar... ¿de qué va todo esto? Suena a contorsionismo mental con una pizca de matemáticas, pero hay una analogía simple que me gusta utilizar para describir este ecosistema.

Puedes pensar en las cadenas de bloques como corporaciones. Como ocurre con las empresas físicas, si cuentan con una buena idea y una ejecución eficiente, y a los clientes les gustan, las personas querrán usar su producto. No obstante, para acceder a ese ecosistema, es probable que necesites adquirir o ganar y utilizar sus tokens o monedas nativos. Este concepto no debería ser muy difícil de entender, y es probable que ya te hayas cruzado con él. Cuando viajas a Las Vegas, intercambias dólares fiat emitidos por el gobierno por fichas, que luego utilizas para jugar al póquer o al *blackjack*. Tales fichas actúan como tokens: te permiten apostar y tener un acceso más eficaz a la economía del casino. Pero cumplen un ulterior cometido: en teoría, permiten al casino operar de manera más eficiente, dado que gestionar efectivo es complicado y está plagado de trabas regulatorias. Además, dado que sólo funcionan en el establecimiento en el que se emiten, ayudan al casino a minimizar el fraude. Por ejemplo, un jugador que acababa de perder una apuesta podría tratar de agarrar todo el efectivo de la mesa y salir corriendo. Pero si el dinero apostado está en forma de fichas, y no en metálico, esa persona todavía tendría que volver al casino para canjearlas. Si todo cuanto haces es llevarte unas piezas de plástico, al casino no le importará demasiado, porque ya tiene tu dinero. Por último, el sistema ayuda a fidelizar a los clientes: utilizar las mismas fichas y compartir la misma experiencia genera una comunidad en torno a una marca concreta.

En ese escenario, el cliente entra en el casino y canjea dólares por unas fichas que puede utilizar para realizar apuestas y que puede volver a convertir (idealmente en mayor cantidad) en dólares cuando decida cobrar y marcharse. A cada paso, esas transacciones son verificadas, desde el cambio inicial de dólares a fichas, pasando por su apuesta en un juego concreto, hasta la reconversión final a dólares. A cada paso, los empleados del casino comprueban y verifican el proceso.

No es tan distinto de cambiar moneda fiduciaria por bitcoins y luego operar por medio de la cadena de bloques. Coges tus dólares (u otra moneda), los canjeas por bitcoins, operas a través de la cadena de bloques y después, si quieres, puedes volver a convertir tus bitcoins en dólares y marcharte. A cada paso, los mineros de la red verifican, comprueban y confirman el proceso.

Para los muchos que creen en el futuro de los negocios en cadena, el objetivo último es no tener que ir y venir entre bitcoins y las monedas fiat. Esperan que, con el tiempo, los mismos tokens empleados para acceder a las empresas digitales tendrán valor más allá de ese ecosistema específico y podrán utilizarse para comprar y vender servicios y bienes en cualquier sitio. Por ahora, sigue siendo necesario convertir tokens —como bitcoins— en dinero fiat —como dólares estadounidenses— para adquirir bienes y servicios, pero incluso en ese caso, si el token forma parte de un sistema (como Bitcoin) de alto valor, millones de personas consideran que los costes de cambiar entre distintos sistemas valen la pena.

En mi opinión, ésa es su auténtica promesa: Bitcoin es el internet del dinero, pero representa mucho más.

Bitcoin es la desmaterialización y la democratización de la capacidad de enviar valor de una persona a otra, de una entidad a otra. Internet nos ha permitido transmitir al instante imágenes, información y servicios sin barreras por todo el mundo. Su alcance y potencia parecen casi mágicos. Antes de su desarrollo, necesitabas encontrar información en un libro o en documentos físicos y, si querías enviarla, tenías que comprar un sello, introducir un documento en un sobre y expedirlo por correo, con la esperanza de que llegara a su destinatario. Internet desmaterializó todo ese proceso.

Bitcoin es la otra cara de internet: es la digitalización del dinero físico. En un mundo interconectado en el que todos los humanos y todas las máquinas parecen estar vinculados entre sí, en el que existen billones de sensores, Bitcoin representa el futuro del valor.

Las monedas digitales no son precisamente nuevas, y es muy probable que las hayas utilizado sin ser consciente de ello. Los puntos de las tarjetas de crédito, que pueden gastarse para comprar un bien o servicio, son una clase de moneda digital. Sin embargo, tanto este sistema como tecnologías anteriores como eCash se basan en una estructura centralizada. Sólo funcionan en una red cerrada: si desaparece, esos puntos o efectivo no valdrán nada. Por el contrario, Bitcoin es una moneda realmente global, que está siendo utilizada por personas de todo el mundo para transferir y almacenar su dinero.

No obstante, a diferencia de las monedas fiduciarias, en el caso de Bitcoin existe una oferta fija. No se pueden crear nuevas monedas: hay 21 millones, eso es todo, nunca habrá más.

Ahora, comparemos este sistema con lo que está ocurriendo con el dólar estadounidense. Según *The Kobeissi Letter*, desde 2020 Estados Unidos ha impreso casi el 80 por ciento de todos los dólares existentes en la actualidad. A inicios de ese año, había 4 billones de dólares en circulación, que hoy son casi 20 billones de dólares, una suma imponente. Puede que pienses: «Genial, ¡más dinero en mi bolsillo!», pero recuerda qué pasaría si trajésemos una nave espacial a rebosar de oro. El problema es que, a medida que la Reserva Federal imprime dinero y aumenta el volumen de dólares en circulación, cada dólar se va devaluando. Si te preguntas por qué las cosas están tan caras en todo el mundo, es porque los bancos centrales no han cesado de imprimir dinero.

Pero lo mejor es que Bitcoin es completamente portable. Puedes transportar un dólar o 1.000 millones de dólares en un sencillo pendrive. Si vives en un país con un sistema bancario frágil, la inflación está devorando tus ahorros. Con Bitcoin, puedes hacerte inmune a esa devaluación, mantener todo tu dinero en un teléfono y realizar transacciones entre pares fuera de la vigilancia del gobierno.

Ello aporta considerables ventajas a lo largo de toda la

escala socioeconómica. Si vives en un país con un gobierno precario, donde el valor de la moneda local puede oscilar un 20 por ciento o más, Bitcoin ofrece la tan anhelada estabilidad. Quienes residimos en naciones desarrolladas damos por sentado el lujo de vivir con una moneda estable. No obstante, en muchos lugares, la inestabilidad política ha devenido en inestabilidad monetaria, y el valor de la moneda puede colapsar de un día para otro.

Un buen ejemplo es lo que está ocurriendo ahora mismo en el África subsahariana, donde las transacciones en Bitcoin se ven cada vez más como un remedio contra una inflación desbocada. Para estos ciudadanos, las criptomonedas representan un mejor depósito de valor que su propia moneda. En Ghana, la inflación lleva años fuera de control, y en abril de 2024 alcanzó el 25 por ciento: cada mes, el capital ahorrado pierde una cuarta parte de su valor. En semejante escenario, lo más razonable no es ahorrar, sino gastar. El problema se agravó tanto que el gobierno intentó introducir una moneda alternativa, pero estos esfuerzos tan sólo generaron más confusión y problemas entre la población. Sin otra solución a la vista, muchos ghaneses han decidido abandonar por completo su moneda nacional fallida y probar suerte con Bitcoin, que pese a ser volátil es infinitamente más estable, portable y aceptada.

Además, Bitcoin también representa una oportunidad para quienes no tienen ninguna cuenta bancaria. En Ghana, el 40 por ciento de la población no es cliente de ningún banco, lo que significa que no posee ninguna cuenta corriente o de ahorros. ¿Por qué habrían de tenerla? Cuando la economía se halla en semejante aprieto, sólo es cuestión de tiempo que entidades financieras como bancos o cooperativas de crédito se hundan. Y, cuando esto sucede, puedes ir despidiéndote de tus ahorros. Pero con Bitcoin tus ahorros están siempre allí: en tu teléfono, en una copia en la nube o en un pendrive.

Ahora bien, digamos que te encuentras en el extremo diametralmente opuesto del espectro económico.

Imagina que eres un milmillonario que vive en uno de esos países donde la gente desaparece, donde un día cualquiera te despiertas colgado por los pies hasta que sueltes algo de pasta. Si tienes suerte, puede que recibas un chivatazo y dispongas de una hora para abandonar el país.

¿Qué haces?

Los bancos son territorio prohibido. El gobierno ya ha congelado tus cuentas. Los activos tangibles, como los bienes raíces o el arte, también están congelados. Sin embargo, basta un simple pendrive para meterte 500 millones de dólares en el bolsillo y llevártelos a donde quieras.

Intenta transportar 500 millones de dólares de cualquier cosa: dólares, oro o incluso arte; es imposible. Hasta depositar semejante suma en un banco presenta una serie de retos. No obstante, Bitcoin está más al amparo del gobierno que la mayoría de las clases de activos y, por ello, es inmutable, almacenable y transportable. Además, en un apuro, puedes utilizarlo para realizar transferencias entre pares.

Puede que te preguntes por qué se arriesgaría nuestro milmillonario a meter 500 millones de dólares en un activo tan volátil. Después de todo, no es tan raro que Bitcoin pierda un 10-20 por ciento en un mes o una semana. Es cierto, pero incluso si perdiera ese dinero a causa de la fluctuación, saldría ganando frente a que el gobierno confisque todos sus activos. ¿Crees que puede simplemente vender un Picasso o un yate mientras se da a la fuga? No puede, por la mera razón de que son grandes depósitos de valor y no son ni portables ni transportables.

Y es ahí donde reside el atractivo universal de Bitcoin.

- *Es valioso:* no puede devaluarse a través de las imprentas de un banco central, ya que sólo se podrán minar 21 millones de monedas.
- *Es portable:* no pesa nada, porque no tiene masa y es enteramente virtual.
- *Es incorruptible:* los miles de millones de personas que conforman la red de Bitcoin velan por su seguridad y fiabilidad.

Ya seas rico, pobre o, como la mayoría de la gente, algo entre medias, los inversores siempre buscamos esas cualidades en un depósito de valor o medio de intercambio. Por supuesto, tales características se han convertido en los rasgos definitorios de las monedas que mejor funcionan. En su forma actual, el dinero es un invento bastante nuevo, pero la idea subyacente se remonta con probabilidad a cuando una persona prehistórica sintió por primera vez la necesidad de devolver a otra algún favor. En cierto modo, ése fue el primer «te lo debo», o débito, si se quiere. Con el tiempo, esta deuda se inscribiría en algún tipo de registro, y así nació un rudimentario sistema de contabilidad monetaria, que contabilizaría favores o acciones. Cualquiera que le haya conseguido alguna vez a un amigo una reserva difícil en un codiciado restaurante en boga podría decir que seguimos empleando ese sistema.

El dinero como medio de intercambio apareció mucho más tarde, pero sin embargo ya cuenta con más de 8.000 años de historia. Antes de eso, arraigó un complejo sistema de trueque en el que las personas canjeaban un bien por otro y además utilizaban un registro contable para dejar constancia de las transacciones. Al final, las monedas entraron en juego en un sistema no muy distinto del que tenemos hoy en día.

Bitcoin presenta todas las cualidades clásicas que han definido el dinero, e incluso resuelve algunos problemas nuevos. Y es que, por encima de todo, y al igual que todas las formas de dinero, ilustra lo que sucede cuando combinas una tecnología con una creencia.

6

Money, money, money

—Éste es el cuerpo de Cristo —dijo el padre Dobsonas, extendiéndome una hostia.

La puse en mi boca y sentí cómo me invadía su sabor suave y dulzón a medida que se deshacía.

—Ésta es la sangre de Cristo —dijo luego el padre Dobsonas, extendiéndome una copa resplandeciente.

Me disgustó de inmediato el ataque punzante de mi primer y diminuto sorbo de vino.

Aplausos.

Había terminado. Celebré mi primera comunión a la edad de 8 años frente a mis radiantes padres en la iglesia de Saint Peter de mi pueblo natal de Port Washington, en el estado dc Nueva York.

Al mismo tiempo, y aunque todavía no fuera consciente de ello, ese día también me inicié en otro campo: comencé a interactuar con dinero.

Mis tíos, amigos y vecinos me entregaron lo que a mis tiernos ojos era una pequeña fortuna: cheques por valor de 10 dólares e impolutos billetes de cinco dólares en sobres blancos, por un total de 42 dólares. Al día siguiente, mi abuelo, Augustine DeFeo, me llevó a la sucursal local del First Federal Savings and Loan[10] para abrir una cuenta de ahorros, que entonces permitía a los clientes llevar un seguimiento de las entradas y salidas mediante una pequeña cartilla.

—Deposita 13 dólares, es mi número de la suerte —me dijo—, pero quédate con el resto. —Cosa que hice, y me fui corriendo a la juguetería del barrio para comprar figuras de acción de G. I. Joe.

Comenzó así una historia de amor con el dinero que nunca me dejaría: desde mi viaje de una familia de clase media de Long Island hasta la cima de Wall Street, y luego hasta la próxima gran tecnología transformadora de nuestro tiempo: Bitcoin.

En los años setenta, las cuentas de ahorros pagaban en torno a un 8-9 por ciento y la experiencia de ver crecer mis dólares, en apariencia de la nada, me fascinaba. En aquella época, el dinero era distinto: era físico. Completabas una tarea y recibías a cambio un billete. Algunas veces, llegaba deteriorado y apestaba a un millón de sudorosas manos; otras, llegaba inmaculado, recién salido de la fábrica, con un sutil color jabonoso y metálico.

Pero poco importaba su estado, su propósito nunca va-

10. Institución financiera centrada en aceptar depósitos de ahorros y extender préstamos hipotecarios. (*N. del t.*)

riaba: era —y sigue siendo— un medio de intercambio y un depósito de valor, sustentado en la creencia de que representa una recompensa por una cierta cantidad de trabajo. En sí mismo, cada billete debería tener el mismo valor que cualquier otro. La única diferencia entre los billetes de un dólar y los de 20 dólares es el nombre del presidente. Sin embargo, un Jackson vale veinte veces un Washington, no debido a alguna diferencia intrínseca entre los dos billetes, sino por el sistema de creencias subyacente. Uno de dos dólares te procurará un trozo de pizza; uno de cinco dólares, dos trozos y una Coca-Cola, y ello pese a que los dos son en esencia idénticos, con la salvedad del número.

Con mi trabajo de repartidor de periódicos en Long Island en los años setenta, me ganaba un Hamilton por semana; con mi primera comunión, me gané 42 dólares en un día. Aunque las métricas no eran del todo uniformes, el significado estaba claro: el dinero es el reconocimiento o la recompensa por una acción, un servicio o un bien, y se sustenta en un sistema de creencias común y una tecnología que hace que todo eso sea posible. Desde las primitivas conchas hasta Western Union, y luego Bitcoin, el dinero es el producto de combinar una creencia con una tecnología.

Pese a que puedes sentir y sujetar dólares en tu mano, el dinero siempre ha sido algo en cierta medida imaginario. Después de todo, el papel no es más que eso: papel. Un billete de 100 dólares en Estados Unidos te procurará un excelente almuerzo, pero buena suerte si buscas un filete en París con ese mismo billete. Para que esa transacción funcione, tendrás que cambiar tus dólares por euros, abonando a tal efecto la comisión bancaria correspondiente.

Lo que confiere valor al dinero es precisamente que dos partes compartan un entendimiento acerca de su «valor». Un bien o servicio merece una recompensa. Antes de que existieran monedas físicas u objetos para comerciar, las personas intercambiaban o trocaban bienes. Por ejemplo, si fueras un agricultor de la Antigüedad en la Mesopotamia del 6000 a. C., podrías entregar a alguien dos pollos a cambio de una lanza nueva. Como puedes imaginar, concretar los detalles exactos del trueque pollo/arma requería mucho tiempo de negociación, y puede que incluso algunas amenazas. Para complicar todavía más las cosas, imaginemos que uno de esos pollos muere, y el cazador que vendió la lanza exige ahora otro pollo en compensación. Rastrear estas idas y venidas de quién le debe qué a quién, por no hablar de otras transacciones con terceros, era un proceso de una exasperante ineficiencia que consumía muchos recursos. Pese a ello, duró miles de años, hasta que, en torno al 3000 a. C., las personas empezaron a utilizar tabletas de arcilla para registrar tales transacciones.

Si un granjero pagaba dos pollos al guerrero por una nueva lanza, dicha transacción se anotaba en una tableta o registro contable, y al dejar constancia de ese trueque, se consolidaba una unidad estándar. Y se creaba algo más: un depósito de valor. El agricultor era ahora capaz de registrar o almacenar acuerdos anteriores: si, por ejemplo, le daba dos pollos más sin recibir una lanza a cambio, se le adeudaría una lanza en el futuro, que podría cobrarse en algún momento.

Mientras todo el mundo confíe en que sus deudores cumplirán, este mecanismo puede seguir funcionando.

Y en el centro de todo se halla el dinero: un sistema de valor colectivo y consensuado. El cazador y el guerrero han acordado un valor común (dos pollos equivalen a una lanza) y cuentan con un registro de esa transacción.

No obstante, ¿qué pasaría si quisieras operar fuera de esa tableta de arcilla con una tercera o cuarta parte? ¿Y si el cazador quisiera trocar su espada por diez gavillas de trigo? Necesitaría un registro contable separado para rastrear esa transacción.

Entra en escena el dinero físico.

Las primeras pruebas de dinero físico, halladas en lo que hoy se conoce como Oriente Próximo, se remontan a alrededor del 3000 a. C., y al principio adoptaban la forma de objetos comunes, como granos de arroz y conchas. Con el tiempo, comenzaron a utilizarse para las transacciones bienes raros cuya oferta podía controlarse. En América, Asia y África se usaron madreperlas y conchas de cauri.[11] Más tarde, los metales hicieron su irrupción, y las primeras monedas acuñadas por un gobierno encontradas en la región que hoy ocupan Turquía y China datan de hacia el 700 a. C. La estatera de Lidia, así denominada en honor al antiguo reino de Lidia, tiene la consideración general de primera moneda, y se componía de piezas de oro y plata acuñadas que se pagaban a los militares a modo de soldada.

Se trata de un paso significativo, que sólo fue posible gracias a las profundas transformaciones tecnológicas que

11. El cauri es una especie de caracola marina. Como curiosidad, su nombre científico hace referencia precisamente a la función de que se habla en el texto: *Monetaria moneta*. (*N. del t.*)

se estaban produciendo durante aquellos tiempos. Fabricar monedas requería personas que supieran encontrar y trabajar los metales —en este caso, oro y plata— para producir piezas uniformes que pudiesen utilizarse como remuneración.

Sin embargo, el proceso de fabricación también suponía un importante desafío tecnológico. Gracias a las monedas, se podía compensar a las personas con una unidad estándar que podía actuar como medio de transacción y depósito de valor. Pero, ante todo, su portabilidad y durabilidad significaban que podías llevarte tu dinero contigo y almacenarlo sin necesidad de registros contables, animales ni objetos. No eran más que simples piezas que se podían transportar sin dificultad. Después de todo, los pollos tienen una vida útil muy corta, y llevarlos de un sitio a otro era, como mínimo, un engorro. Además, pierden todo su valor al morir. No obstante, con la aparición de las monedas, la gente podía ahora mover dinero y negociar entre sí sin tener que usar un registro contable, y seguir procurándose los artículos que necesitaba.

Mientras las personas siguieran teniendo fe en que esas piezas de oro poseían valor, el sistema se sostendría. Por este motivo, los gobiernos acuñaron un sello oficial en la moneda para garantizar su pureza y colocaron estrías en los bordes para impedir que se limasen. En verdad, estos pequeños detalles representan la primera introducción de tecnología, aunque primitiva, en sistemas también primitivos de dinero. En términos actuales, puedes pensar en ellos como los hologramas que engalanan los billetes de 100 dólares.

Incluso el material en el que se fabricaban las monedas —oro— requería una fe colectiva. Pensándolo bien, ¿qué es el oro? Recubría los sarcófagos de los faraones, vestía los cuerpos de las reinas. Curiosamente, existe otro antiguo elemento casi idéntico al oro, pero mucho menos preciado: el plomo.

Los dos se parecen mucho en aspecto, textura y peso. De hecho, en la tabla periódica apenas los separan unos pocos protones, pero uno carece de valor, mientras que el otro es atesorado por bancos centrales de todo el mundo.

El valor del oro es inestimable, el del plomo, irrelevante.

Pero ¿por qué? Si lo piensas, en la vida real hay muchas más aplicaciones para el plomo que para el oro.

La respuesta a esa pregunta explica más que meros caprichos en cuanto a los diversos materiales, puesto que desvela el secreto mismo del propio dinero: no es más que la combinación de una tecnología y una creencia.

Si bien la acuñación de monedas como mercancía aportaba grandes beneficios a los ciudadanos de a pie, ofrecía algo quizá más valioso a los gobiernos: una herramienta de control. Por primera vez, los dirigentes políticos podían determinar cuánto dinero circulaba entre la población y cómo se utilizaba.

A pesar de que las monedas eran más fáciles de transportar que el ganado y los pollos, seguían siendo pesadas, y almacenar y cargar grandes cantidades no era tarea sencilla. Para evitar este problema, los mercados emitían recibos en papel por grandes sumas, que podríamos considerar los primeros pagarés. El primer papel moneda emitido por un gobierno se creó en China durante la dinastía Song, hacia el siglo XI. Este invento alivió la pesada carga de las monedas, en una época en la que el comercio internacional estaba despegando, y ahorró el penoso trabajo de extraer cobre. Los billetes estaban respaldados por oro, plata u otros metales, que los dotaban de un valor que trascendía el papel físico en que se imprimían. En la práctica, funcionaban como un pagaré, que es como estuvo funcionando el papel moneda durante siglos. Supusieron un salto cuántico en la forma en que las personas interactuaban con el dinero. De hecho, el billete valía más que el papel en que estaba impreso porque las personas sabían o creían que había algo más valioso y tangible que lo respaldaba —oro o plata— y que podían acceder a esos materiales más valiosos a través del papel.

El problema con el papel es que resulta más fácil de falsificar, dado que la barrera para su producción es menor que lo que supone minar y fundir materiales poco abundantes. Aun así, su uso marca un punto de inflexión crucial en la evolución del dinero, ya que constituye el mejor ejemplo de cómo un sistema de creencias puede conferir valor a una divisa. En lugar de un metal brillante, codiciado y escaso, la gente estaba ahora dispuesta a aceptar papel, o dinero representativo, debido a su conveniencia y eficiencia.

Se trata de un paso fundamental: el uso del papel moneda pone de relieve la conexión entre tecnología y creencia que todas las formas de dinero comparten. Cuanto más firme sea la fe en las instituciones que emiten una moneda, más valioso será ese dinero. Al final, los usuarios no necesitarán reclamar el activo tangible de respaldo, puesto que sabrán que el papel es igual de útil a la hora de procurar bienes y servicios. Pero esta fe se pondría a prueba. El papel moneda resulta sencillo de fabricar, lo que puede suponer una fuerte tentación para un gobierno necesitado de efectivo que busca estimular su economía. Y eso es exactamente lo que ocurrió en la China del siglo XIII. Durante la dinastía Yuan, se emitió el primer dinero fíat, que no estaba respaldado ni por oro ni por plata, sino únicamente por la promesa explícita de que, si tratabas de falsificarlo o rechazarlo, serías ejecutado. Supongo que ésa es una manera de hacer que la gente acepte tu moneda. Pero la guerra trajo consigo presiones fiscales y, para resolverlas, el gobierno comenzó a imprimir más y más billetes. El aluvión de nuevo dinero no hizo más que empeorar la situación, a medida que cada unidad se devaluaba, lo que con el tiempo llevó a una pérdida de fe y a que los ciudadanos lo rechazaran. Al final, se reintrodujo una nueva moneda, respaldada por oro, pero la lección había quedado clara: el dinero existe en un delicado equilibrio entre fe, confianza y orden, y si alteras cualquiera de estos elementos, se desatará el caos.

Antes de la guerra de Secesión, en varias regiones de Estados Unidos el dinero era emitido por bancos privados. Ello producía un sistema ingobernable e inestable en el que una moneda podía colapsar de un día para otro si el banco emisor cerraba. No fue hasta después de la contienda cuando el gobierno instituyó un régimen en el que las entidades bancarias podían emitir billetes respaldados por bonos soberanos. Aun así, el sistema monetario estadounidense era frágil, y la confianza en las notas bancarias, escasa, de suerte que las fugas de depósitos eran habituales. Tras un pánico bancario especialmente grave en 1907, se creó la Reserva Federal en 1913, con el propósito expreso de dotar de estabilidad financiera al sistema y el cometido de controlar los tipos de interés, supervisar los bancos y mantener el orden financiero. Los ciudadanos abrigarían más confianza en su dinero si sabían que en última instancia quien lo garantizaba era el gobierno, que en teoría nunca podría quebrar como un banco.

En esa época, los dólares estadounidenses estaban respaldados por oro, un modelo conocido como *patrón oro* que empleaban muchos países. Esta política no sólo vinculaba el papel moneda con algo físico, sino que impedía además que los gobiernos, o en este caso los bancos centrales, emitiesen demasiado dinero, ya que cada dólar llevaba aparejada una cantidad de oro. Si querías imprimir más billetes, tenías que encontrar más oro.

Es posible que esta medida propiciara una mayor estabilidad, pero también impidió al gobierno de Estados Unidos estimular su economía, en particular durante las recesiones, cuando los bancos centrales buscan inyectar más liquidez en un sistema financiero en desaceleración o estancado. Durante la Gran Depresión, se abandonó el patrón oro para permitir a la Reserva Federal imprimir más dinero con vistas a impulsar el crecimiento. Después de la Segunda Guerra Mundial, dirigentes de todo el mundo se congregaron en el Mount Washington Hotel en Bretton Woods, Nuevo Hampshire, con la esperanza de establecer un nuevo orden financiero mundial. Las principales economías del planeta acordaron reinstaurar el patrón oro, de modo que todas las monedas estuvieran en cierta medida respaldadas por reservas de este metal. El dólar se fijaría a un valor de 35 dólares por onza. Los demás bancos centrales podrían intercambiar dólares por lingotes, haciendo que en la práctica un dólar equivaliese a todos los efectos a una cierta cantidad de oro. Esta promesa explícita otorgaría cohesión al sistema y garantizaría la confianza pública en las divisas. El patrón oro trajo consigo una economía global más previsible, erigiendo al dólar como la moneda de reserva a escala mundial. La prosperidad no tardó en llegar, y con el tiempo todo el mundo quería dólares, lo que fortaleció dicha moneda en relación con el resto y frenó así las exportaciones.

En 1971, Nixon sacó de golpe a Estados Unidos del patrón oro, con la convicción de que ello concedería una mayor flexibilidad a la Reserva Federal. La inflación rampante y una economía estancada volvían inviable aferrarse a ese sistema. Además, el gasto militar y la ayuda al desarrollo estaban ejerciendo presión sobre el balance general del gobierno, reduciendo en consecuencia el atractivo del dólar. Si los tenedores extranjeros decidieran un día canjear sus dólares, el gobierno podría enfrentarse a una fuga de oro y una potencial pérdida de confianza en la capacidad de Estados Unidos para cumplir con sus pagos.

Pero si el dólar estadounidense no estaba vinculado al oro, ¿qué lo sostenía? ¿Por qué querrían los inversores poseer entonces esta divisa? La respuesta era a un tiempo simple y complicada. El dólar ya no estaba respaldado por oro, sino por algo mejor: innovación. Estados Unidos seguía contando con la mayor economía del mundo, con las empresas más innovadoras del planeta: IBM, General Electric, Goodyear Tire, Exxon... Si querías comprar estas compañías, necesitabas dólares; si quieres un pedazo del genio estadounidense, necesitas dólares estadounidenses. El oro ya no determinaría cuánto valía un dólar: en su lugar, ello correspondería a la demanda, al libre mercado, por supuesto con el respaldo de la plena fe y crédito del gobierno estadounidense, el más poderoso del mundo.

Sin embargo, abandonar el patrón oro tuvo un efecto adicional: cambió el papel de Estados Unidos en la escena internacional. Tras más de cincuenta años, el dólar sigue siendo la moneda que domina a escala mundial, y ello se debe a que tenemos las corporaciones, industrias y productos más pujantes y dinámicos. Somos capaces de financiar nuestros déficits porque tenemos la economía más innovadora del planeta. No obstante, esto ha actuado como una espada de doble filo. Por un lado, podemos imprimir dinero que no tenemos porque la demanda global de dólares sigue siendo inmensa, lo que nos permite evitar depresiones en tiempos de apuros económicos, como la Gran Recesión o la pandemia de la COVID. Pero si imprimimos demasiado, corremos el riesgo de que los inversores pierdan confianza en nuestra moneda y nuestra capacidad para saldar nuestras deudas.

He aquí la piedra angular de cualquier sistema financiero o método de pago: necesitas tener fe en que el dinero que recibes tendrá valor. Durante siglos, el oro desempeñó un papel esencial para distintas monedas de todo el mundo por este mismo motivo. Pretendía vincular una promesa de valor a un papel desprovisto de todo valor. Preservaba la confianza entre un ciudadano y su gobierno, y garantizaba que ningún gobierno pudiese abusar de esa confianza imprimiendo demasiado dinero. Huelga decir que el oro no es una moneda demasiado práctica: no es tarea fácil llevarte un lingote a tu supermercado local y limar un poco para comprar papel higiénico. Pero el alcance y el poder de un sistema financiero que goza de confianza no conoce límites, y es este salto de fe lo que me permite entrar en el Hunt and Fish Club, pedir un filete y pagar utilizando una tarjeta de plástico. Hemos pasado del oro al papel, luego al plástico y más tarde a nada físico: una mera secuencia de unos y ceros.

Bitcoin no representa más que el último escalón en la incesante evolución del dinero. Como ocurre en cualquier progresión, la forma más reciente subsana defectos anteriores. Las monedas resolvieron el problema de llevar registros contables y la coincidencia de necesidades. El papel alivió el peso de las monedas, facilitando su transporte. Y Bitcoin ha atajado la devaluación al limitar el número de monedas que pueden minarse (y facilitar todavía mucho más su portabilidad).

Sin embargo, no importa la forma concreta que adopte el dinero a lo largo del tiempo, surge un patrón claro, algo que el economista, entusiasta precoz de Bitcoin y autor Vijay Boyapati describe en cuatro etapas distintas en su imprescindible libro *The bullish case for Bitcoin*.

- *Coleccionables:* se trata de la primera etapa, y consiste en objetos que la gente desea, como conchas, abalorios, oro, etcétera.

- *Depósito de valor:* una vez que suficientes personas demandan estos objetos, serán reconocidos como un depósito de valor duradero. A medida que más gente lo acepta como tal, el poder adquisitivo de dicho objeto aumentará, pues su precio se verá impulsado por la demanda.
- *Medio de intercambio:* con un poder adquisitivo estable, los costes de oportunidad de utilizar dinero para completar una transacción disminuirán hasta un nivel que lo haga adecuado como medio de intercambio. En otras palabras: a medida que más gente utiliza una moneda concreta, el valor de esa unidad monetaria se estabiliza, y las personas se sentirán más cómodas usándola para adquirir bienes y servicios.
- *Unidad de cuenta:* según el dinero se va usando más y más como un medio de intercambio, los precios de los bienes se irán fijando cada vez más en función del mismo. Dicho de otro modo: puedes comprar muchos artículos utilizando bitcoins, pero a un precio que se suele basar en el tipo cambiario entre el dólar estadounidense y el bitcoin. Para que este último sea una unidad de cuenta, deberá aceptarse con independencia del tipo de cambio.

En opinión de Boyapati, Bitcoin ha pasado claramente de la primera a la segunda etapa, pero todavía debe avanzar a las siguientes, más allá de algunos novedosos ejemplos puntuales. Sigue siendo demasiado volátil para hacer que la compraventa de bienes en el día a día sea algo práctico, pero esto está cambiando, en particular entre quienes no tienen cuentas bancarias o residen en países con sistemas monetarios cada vez más precarios. Puede que pase un tiempo antes de que Bitcoin se convierta en una unidad de cuenta, sobre todo en los países que disfrutan de un sistema financiero estable, pero no sería raro que lo viésemos en nuestras vidas.

7

Doy el paso

El plan era bastante sencillo: íbamos a anunciar al mundo, a través de varios medios de comunicación, que SkyBridge —nuestro fondo de fondos que llevaba casi dos décadas siendo un pilar de Wall Street— se disponía a lanzarse de cabeza al mundo de Bitcoin. El fondo empezaría invirtiendo 25 millones de dólares y estaría abierto a inversores acreditados. Cargaríamos una comisión relativamente baja de 75 puntos básicos, bastante menos de lo que cobraba el fondo de inversión de Grayscale, que antes de los fondos cotizados en Bolsa era considerado el estándar sectorial para fondos vinculados a Bitcoin.

Era noviembre de 2021, así que la mayoría de los socios de la compañía estaban conectados de forma remota. En general, no soy un gran fan de Zoom: me parece impersonal, las condiciones de iluminación y de audio nunca son las mejores y las malas conexiones a internet pueden hacer que tus interlocutores se pixelen como cuadros de Picasso parlantes. Pero algo que sí me gusta es que fuerza a todo el mundo a mirarte, y por sus caras podía ver que mi equipo me apoyaba en este empeño. No tuve que insistir, lo que decía mucho de su espíritu emprendedor colectivo.

Ahora bien, durante los dos últimos años habíamos hecho los deberes y despejado por completo nuestras dudas iniciales en tres ámbitos clave: escala, regulación y almacenamiento.

La escala era crucial, quizá el aspecto más importante a la hora de decidir invertir en Bitcoin. ¿Qué tamaño tiene el mercado? Si una moneda sólo la utilizan dos personas, ni es moneda ni es nada. El valor real de Apple no reside tanto en que fabrica un teléfono estupendo, sino más bien en que existen más de mil millones de usuarios de iPhone en todo el mundo. Todos están en la App Store, de modo que hay más clientes a los que atender y, por tanto, las aplicaciones allí alojadas son más valiosas. En realidad, es la red, la inmensa base de usuarios de Apple, lo que hace que la tecnología superior del iPhone destaque del resto.

En el caso de Bitcoin, el mejor indicador de ese efecto de red es el número de carteras.

—¿Conviene que esperemos a que Bitcoin alcance al menos 100 millones de carteras? —les pregunté a mis socios.

En esencia, las carteras equivalen a usuarios y, cuanto mayor sea el número de usuarios, mayor será el valor de Bitcoin. Representaban adopciones, es decir, las leyes de Metcalfe en acción. Robert Metcalfe fue un ingeniero cuyo trabajo sentó las bases tempranas de internet en los años setenta. Hijo de un técnico de Brooklyn, creció fascinado por la idea de conectar dos ordenadores y hacer que se comunicaran entre sí. Se hizo famoso por desarrollar una forma de interconectar ordenadores mientras trabajaba en el Centro de Investigación de Palo Alto de Xerox, y se le atribuye comúnmente la invención de Ethernet, la tecnología de red que conecta ordenadores a redes online. Estaba tan convencido del poder de la conectividad que, cuando la Universidad de Harvard rechazó permitir a un estudiante de primer año trabajar en una red de ordenadores, se limitó a cruzar la calle y desarrollar una para el MIT. Se dice que todavía conserva en su hogar de Boston el procesador de mensajes de interfaz que construyó para ese proyecto.

En su opinión, el valor de una red es directamente proporcional al número de partes implicadas. Una máquina de fax que únicamente está conectada a otra tiene un valor limitado, pero una red que conecta a millones de máquinas de todo el mundo reviste una gran utilidad y valor. De igual modo, un banco conectado a otro presenta un escaso valor para sus clientes, pero si está conectado a cientos de otros, y pone así en contacto a personas que tienen dinero con otras que lo necesitan, su valor no conoce límites. En términos simples, cuanto mayor sea la capacidad de conectar con terceras personas, mayor será el valor que revestirá una red concreta.

Y este concepto se extiende también a Bitcoin.

Cuanto mayor sea el número de carteras, más participantes habrá en su red. Brett llevaba investigando varios meses y, en su opinión, no hacía falta llegar a 100 millones.

—Ochenta millones es suficiente —contestó—. Bitcoin ya ha alcanzado los 20.000 dólares. Al ritmo al que está creciendo, llegaremos en nada a 100 millones de carteras, incluso es posible que a 300 millones.

Primera dificultad superada: la red era lo bastante grande y estaba creciendo lo bastante rápido.

Segundo problema: regulación.

En 2020, el marco normativo estaba evolucionando con rapidez y era como mínimo confuso. La posición de los reguladores y políticos de Washington en cuanto a Bitcoin y, más en general, las criptomonedas distaba mucho de estar clara. El péndulo oscilaba entre reguladores visionarios como Jay Clayton, presidente de la Comisión de Bolsa y Valores de Estados Unidos (SEC, *Securities Exchange Commission*), quien reconoció y favoreció de inmediato una regulación razonable de los criptoactivos, y Gary Gensler, su sucesor con ínfulas de zar, quien ha hecho todo cuanto estaba en sus manos para destruirlos. Además, existía un debate entre la Comisión de Negociación de Futuros de Materias Primas (CFTC, *Commodity Futures Trading Commission*) y la SEC sobre si Bitcoin era una acción o una mercancía.

En realidad, nada de todo eso me preocupaba demasiado. Por cada senadora Elizabeth Warren que protestaba contra Bitcoin, había una senadora Cynthia Lummis que lo defendía, y la controversia en Washington reflejaba hasta cierto punto el acalorado debate que se libraba en Wall Street y los medios de comunicación financieros.

Lo que más me preocupaba acerca de poseer Bitcoin era la intromisión del gobierno. ¿Qué impediría a un grupo de políticos o a alguna entidad pública ilegalizar Bitcoin y confiscarlo?

—No pueden —respondió Brett—. El IRS[12] ya lo ha solucionado.

En 2014, el Internal Revenue Service (IRS) declaró Bitcoin una propiedad tangible a efectos fiscales. Puede sonar extraño designar a Bitcoin como propiedad, dado que no existe en una forma física. Nunca lo sostendrás en tu mano: es exclusivamente virtual. Sin embargo, la sentencia proporcionaba una protección crucial.

En Estados Unidos, los derechos de propiedad son sacrosantos, y su estructura jurídica y su protección constituyen uno de los principios fundacionales del país. De hecho, anteceden a su fundación, y se remontan hasta la Carta Magna, en la que se establece que ningún hombre libre será «despojado» de su propiedad. De idéntica forma, nuestra Constitución garantiza que nadie se verá privado de su propiedad. Ese concepto es el sello distintivo y la piedra angular de nuestro sistema capitalista angloamericano. Si puedes comprar una propiedad en Estados Unidos, y tienes derecho a ella, entonces el gobierno no puede expropiártela sin pagar por ella. Incluso si quiere construir una autopista que atraviese tu casa, tendrá que darte algo a cambio.

Al clasificar Bitcoin como propiedad, el IRS garantizó en la práctica a los inversores que el gobierno no podía confiscarles sus monedas.

12. Internal Revenue Service, Servicio Interno de Rentas de Estados Unidos, equivalente a la Hacienda Pública en España. (*N. del t.*)

Dicho de otro modo: ningún político o burócrata zarista iba a poner sus manos sobre mis bitcoins. ¿Cómo iban a ilegalizarlo? Los tribunales les frenarían los pies: era una propiedad con protección jurídica que gozaba de la misma garantía que cualquier otra propiedad.

Quedaba resuelto, pues, el segundo problema.

Por supuesto, una cosa era proteger Bitcoin frente al gobierno, y otra cosa almacenarlo, y éste representaba el último escollo que debía soslayarse, quizá el más sencillo.

Desde el ataque informático contra Mt. Gox en 2011, la custodia, o almacenamiento, de Bitcoin ha sido un asunto espinoso en el mundo cripto. Esta plataforma de intercambio de criptomonedas operó desde Tokio entre 2010 y 2014, y entonces concentraba casi tres cuartas partes de todas las transacciones de Bitcoin. Durante la intrusión, se robaron miles de carteras, lo que sacudió toda la industria e hizo que le entraran escalofríos a cualquiera que se estuviera planteando comprar bitcoins. Después de todo, si no podías confiar en la plataforma de intercambio líder para mantener tus bitcoins seguros, ¿en quién entonces? Mt. Gox se declaró en bancarrota en 2014, dejando un enorme socavón en el mercado, muy en especial en los precios de Bitcoin.

Sin embargo, con el tiempo, gracias a un renovado interés por parte de los inversores, se consolidó una tecnología mejor y más segura, y los participantes más tradicionales de Wall Street entraron en el negocio de los custodios. Fidelity, Coinbase Prime y el New York Digital Investment Group lanzaron todos excelentes servicios de custodia, ofreciendo el mismo tipo de prestaciones que una gran correduría tradicional. La única diferencia consistía en que, en lugar de tramitar, financiar y mantener activos tradicionales como acciones y bonos, estas cámaras de compensación de la nueva era prestaban esos mismos servicios para Bitcoin.

Resultaba evidente la comodidad con que Wall Street mantenía estos activos: quizá nosotros también deberíamos compartirla.

Tras años de investigación, estábamos preparados para adentrarnos en el mundo de la inversión en criptomonedas. Y sería justo a tiempo.

Bitcoin estaba subiendo como la espuma.

La COVID puso el mundo patas arriba, pero también desató una racha sin precedentes de relajación monetaria global por parte de los bancos centrales, que estaban desesperados por evitar un hundimiento económico. La Reserva Federal y el Congreso estaban inyectando billones en la economía de Estados Unidos. Para mantener sus finanzas a flote, el gobierno emitió cheques de estímulo a millones de ciudadanos, los necesitaran o no.

Después de un par de meses oscuros al inicio de la pandemia, la economía repuntó con fuerza. Millones de estadounidenses seguían trabajando desde sus hogares, y muchas compañías no sólo sobrevivieron a la pandemia, sino que medraron por vías que nadie habría podido prever. La tecnología estaba forzando al mundo a pasar con rapidez de lo físico a lo virtual, y Bitcoin se situaba en el centro de todo ello. Con los bancos centrales de todo el mundo imprimiendo dinero sin parar, había llegado su momento: se disparó de 6.000 dólares antes de la COVID a 30.000 dólares para cuando lanzamos el fondo.

Dado que introdujimos nuestro producto en medio de un fuerte mercado alcista de las criptomonedas, el tiempo desmintió el trabajo serio y riguroso que llevábamos realizando los últimos dos años. Pero no fue un problema. Éramos creyentes a largo plazo, y supusimos que el hecho de que muchos inversores prestasen toda su atención a Bitcoin redundaría en nuestro interés.

Había llegado el momento de hacer el anuncio: «Como la espuma: SkyBridge lanza su fondo de Bitcoin».

La reacción inicial de la prensa fue, por decirlo suavemente, algo áspera: mordaz, a ratos despectiva. Casi todas las publicaciones recordaban el desplome superior al 200 por ciento que sufrió Bitcoin en 2020. Hubo unas pocas que no se resistieron a mencionar mi paso de once días por la Casa Blanca como director de Comunicaciones.

¡Allá ellas!

Si hubiera comprado acciones de Apple o incluso de Tesla, nadie habría chistado. Qué diablos, si hubiese lanzado una compañía de adquisición de propósito especial (SPAC, *special-purpose acquisition company*), nadie habría abierto el pico. Pero los medios financieros, al igual que las entidades que cubrían, pueden ser lentos a la hora de detectar cambios y a menudo recelan de las tecnologías nuevas y no probadas. No entendían Bitcoin. Muchos en la prensa adoptaban sus posturas asumiendo las de Warren Buffett y Charlie Munger, dos de los mejores inversores de todos los tiempos, pero también dos personas que nunca dejaban pasar una oportunidad de calificar a Bitcoin como «la nada» o compararlo con una «enfermedad venérea» o cosas peores. «Si Warren sospecha que es una estafa, no hay duda de que lo es», era el razonamiento, mientras Bitcoin continuaba su marcha alcista. Se aferraban a los comentarios de Jamie Dimon sobre su «roca mascota» [*pet rock*].[13]

Además, los extravagantes personajes que poblaban el panorama cripto en ese momento —chavales arrogantes con «Lambos» y *feeds* de Instagram en los que publicaban los beneficios de sus cuentas de Coinbase— sin duda contribuyeron a escamar a algunos periodistas: «¿Cómo iba a ser una inversión seria? ¡Mira quién está comprando! ¿Qué podían saber de finanzas serias todos esos HODLers[14] adolescentes que fanfarroneaban de sus nervios de acero y difundían en sus redes sus operaciones de riesgo extremo?». Resultaba mucho más fácil tildarlo de fraude que tomarse la molestia de llevar a cabo una indagación concienzuda. Son los mismos tipos que decían que Amazon era una burbuja en 1999. Si algo he aprendido tras décadas en las finanzas, es a no dejar que la prensa gestione mi dinero.

Tres días antes de Navidad, en diciembre de 2020, me disponía a salir en la CNBC para anunciar al mundo el lanzamiento de nuestro fondo. Participé en el programa *Halftime Show* de Scott Wapner, el mejor calificado de esa cadena y el más popular entre los inversores tanto institucionales

13. Las *pet rocks* fueron unas piedras coleccionables comercializadas en Estados Unidos en los años setenta, que venían acompañadas por un manual de instrucciones en el que se bromeaba con las (inexistentes) habilidades de las rocas como mascota. (*N. del t.*)

14. *Hold On for Dear Life* ['aguanta como si te fuera la vida en ello'].

como minoristas. Conozco a Wapner desde hace años y hemos cenado juntos cientos de veces. Tiene una de las mentes más lúcidas de todo el periodismo financiero. Sin embargo, y pese a ser uno de los tipos más amables que jamás he conocido, no es ningún pusilánime, y su primera pregunta cristalizó el escepticismo reinante en torno a la clase de activo y a nuestra decisión.

—¿Por qué ahora? —preguntó Scott con su estilo polémico—. ¿No crees que es un poco tarde? ¿No te parece que algún inversor podría pensar: «Bueno, ahora que SkyBridge se ha metido en Bitcoin, debe de haberse alcanzado algún tipo de máximo»?

Cuando lanzamos el fondo, el precio de Bitcoin acababa de triplicarse en el espacio de un año, así que su argumento tenía sentido. Daba la impresión de que cada día un nuevo inversor destacado se lanzaba hasta el fondo de la profunda piscina de criptomonedas, haciendo que nuestra decisión pareciera más una reacción al entusiasmo que un movimiento que contribuyera a alimentarlo.

—No son más que los inicios, Scott —dije—. Podríamos estar en las primeras fases de una avalancha de inversores institucionales que quieren añadirlo a sus hojas de balance. Dada la situación monetaria, creemos que queda mucho margen de crecimiento.

Tres semanas más tarde, organizamos una reunión de divulgación por Zoom entre todas las personas de la red SkyBridge, que incluía clientes tanto pasados como de ese momento, nuestro personal de ventas y cualquiera que asistiera en alguna ocasión a nuestros famosos eventos SALT a lo largo de los años. Queríamos explicar el motivo de nuestra decisión. Hubo tantos asistentes que la sesión se cayó debido a la sobrecarga.

La gente se sentía intrigada por nuestro movimiento, pese a que no necesariamente estuviera de acuerdo. Las reacciones de los clientes fueron variadas y parecían depender del lugar que ocupaban en Wall Street. Algunos lo llamaban humo matemático; a otros clientes de toda la vida les gustaba. Los grandes bancos, a los que encomendaríamos la distribución de nuestro producto, no estaban demasiado ufanos. ¿Por qué habrían de estarlo? Estábamos apostando por una nueva tecnología que podía trastocar su negocio (todos cambiaron de opinión). Morgan Stanley, que llevaba mucho tiempo siendo nuestro distribuidor, quería imponer límites a los tamaños de las posiciones. Nuestro fondo estaba estructurado para que ninguna estrategia única pudiera superar el 40 por ciento, y no queríamos ninguna excepción especial para Bitcoin.

No obstante, el momento en que entramos no podría haber sido más oportuno.

8

El efecto Paul Tudor Jones

—Durante mucho tiempo, te mostraste muy escéptico hacia Bitcoin —apuntó Andrew Ross Sorkin, de la CNBC—. Pero ahora esto parece haber cambiado, ¿qué ha pasado?

Era el 11 de mayo de 2020, y el invitado de *Squawk Box* era el gran Paul Tudor Jones. El mercado bursátil acababa de alcanzar su nivel más alto en dos meses y había subido un 34 por ciento desde el mínimo de marzo, cuando todos estaban convencidos de que el mundo tocaba a su fin. El mundo no se terminó, pero distaba mucho de haber vuelto a la normalidad. Las escuelas y oficinas permanecían cerradas. Mucha gente seguía confinada en casa. Sorkin, como muchos presentadores en ese período, estaba entrevistando a Tudor Jones desde su estudio doméstico. Después de dos tumultuosos meses en la historia de Estados Unidos, la vida estaba tratando de volver a una suerte de rutina. Y uno de los mayores inversores del planeta estaba a punto de anunciar al mundo que estaba comprando Bitcoin.

—Bueno, estalló el brote de la COVID y le siguió una rampante inflación monetaria —contestó Tudor Jones—. Y me hizo pensar sobre qué posición adoptar de cara al futuro.

Por supuesto, se refería a los billones de dólares en programas de estímulo pos-COVID que la Reserva Federal y el Congreso aprobaron para salvar la economía de otra Gran Depresión. La primera rebajó los tipos hasta casi cero y expandió con rapidez su balance mediante la inyección de billones de dólares en una economía en caída libre. Se anunciaron todo tipo de programas para evitar que los mercados del crédito se congelaran. La Reserva Federal adquirió más de 4 billones de dólares en títulos soberanos para impedir que los mercados de renta fija se desplomaran. Sin embargo, para sostener el consumo, el Congreso y la Administración Trump promulgaron otros 5 billones de dólares en programas de estímulos diseñados para mantener la economía en marcha, incluida la Ley de Ayuda, Alivio y Seguridad Económica por el Coronavirus, conocida como Ley CARES. Este acto jurídico estableció el Programa de Protección de Nóminas, o préstamos PPP, que ayudaba a pequeñas empresas arruinadas a mantener a sus trabajadores en nómina. También contemplaba cheques de estímulo directo que se enviarían por todo el país. El resultado fue el mayor impulso fiscal en la historia de Estados Unidos. De hecho, en los seis meses posteriores a la COVID, el gobierno imprimió más dinero que en los 244 años anteriores.

La pandemia fue un acontecimiento brutal y trágico para el mundo, que causó muertes y un sufrimiento indecible. No obstante, debido a los masivos programas de estímulo, para muchas personas también fue una bendición financiera. Muchos empleados estaban trabajando desde casa, ahorrándose así los costes de transporte. Los restaurantes y estadios seguían cerrados, y la gente estaba gastando menos. Zoom y otras tecnologías de teletrabajo no sólo permitieron a muchas compañías sobrevivir a la pandemia, sino que algunas incluso medraron. Fruto de todo ello, la salud fiscal de los consumidores mejoró. Según el Bank of America, los saldos de cuenta de entre 1.000 y 2.000 dólares antes de la pandemia crecieron en promedio a 4.000 dólares después de ella, mientras que los de entre 2.000 y 5.000 dólares se dispararon hasta los 13.000 dólares.

Quizá te preguntes: ¿de dónde salió todo ese dinero? La respuesta es simple. El gobierno hizo lo que siempre hace cuando se halla en un aprieto: poner en marcha las imprentas, emitir más dinero y transferir la carga financiera de la COVID de los balances del sector privado (consumidores y empresas) a los del sector público (gobierno). Al comienzo de la pandemia, el balance de la Reserva Federal se situaba en 4 billones de dólares, partiendo de 2 billones de dólares después de la gran crisis financiera de 2008. Después de todo el gasto relacionado con la COVID, dicha cifra se multiplicaría por más de dos, hasta casi 9 billones de dólares. Antes del coronavirus, la deuda pendiente total de Estados Unidos ascendía a alrededor de 25 billones de dólares. En 2010, era algo menos de 10 billones de dólares, así que la idea de que llevamos demasiado tiempo gastando demasiado no es nueva. Sin embargo, la COVID exacerbó esta tendencia, y en la actualidad el gobierno de Estados Unidos tiene una deuda pendiente de 34 billones de dólares, y nuestra ratio deuda/PIB se sitúa ya en un alarmante 123 por ciento. Se trata de cifras peligrosas e insostenibles, más propias de un país en vías de desarrollo que de la primera superpotencia mundial.

Esta avalancha de efectivo no sólo impidió que la economía se hundiera, sino que también podría haberla sobrecalentado. Y Tudor Jones, como otros inversores perspicaces de su época, sabía que era probable que esto causase una grave inflación cuando volviera a abrirse la economía.

—Compara Bitcoin con el efectivo. Cuando pienso en depósitos de valor, lo hago en función de cuatro factores: fiabilidad, poder adquisitivo, liquidez y portabilidad. Respecto al primero, Bitcoin apenas tiene once años y la gente todavía no confía demasiado en él. Estamos siendo testigos del nacimiento de un depósito de valor, y sólo el tiempo dirá si tiene éxito. Lo que sí sé es que cada día que pasa la confianza aumenta. Pasemos al caso del efectivo: en términos de poder adquisitivo, si hoy posees metálico en cualquier parte del mundo, sabes que tu banco central tiene el objetivo declarado de depreciar su valor un 2 por ciento cada año —añadió Tudor Jones—. Así que, en esencia, tienes en tus manos un activo en deterioro.

En otras palabras: nada es gratis. Si el gobierno va a devaluar su moneda y crear billones de nuevos dólares de la nada, es probable que el valor de esos dólares y de los activos relacionados caiga. Los inversores necesitan un activo refugio fuera del sistema, algo que no pueda corromperse a raíz de la «generosidad» fiscal y monetaria.

Pero Tudor Jones también fue rápido en percatarse de las otras tendencias que estaban ayudando a Bitcoin, a saber, el impulso para transicionar de lo físico a lo virtual. En el verano de 2020, la gente estaba trabajando a través de Teams y Zoom. Dejaron de ir al cine y en su lugar veían Netflix. Dejaron de ir a hacer la compra y optaron por servicios de entrega a domicilio. El número de suscripciones a Amazon Prime se disparó. Las personas se estaban acostumbrando a realizar transacciones desde sus teléfonos, utilizando para ello efectivo digital, una tendencia que Tudor Jones observó que llevaba años produciéndose.

—Mis hijos nunca llevan dinero en metálico. Ni siquiera estoy seguro de que sepan lo que es —apuntó Tudor Jones—. Resulta evidente que estamos digitalizando la economía global y el mundo en general, y Bitcoin será mucho más accesible para la comunidad de personas que podrían comprarlo. Todos los mercados alcistas tienen algo en común: un universo en perpetua expansión de personas que lo poseen.

Y luego soltó la bomba, revelando que había invertido el 2 por ciento de su cartera en Bitcoin.

No se debe subestimar la importancia de tales declaraciones. Tudor Jones es una leyenda de la inversión y un pionero de la industria moderna de los fondos de cobertura. Se lo considera uno de los mayores operadores macro de todos los tiempos, que saltó a la fama por enriquecerse con el crac del lunes negro de 1987. Su Tudor Investment Corporation ha gestionado más de 5.000 millones de dólares en activos. Tudor Jones había experimentado con Bitcoin en el pasado, pero éste era su respaldo más contundente hasta la fecha, y la inmensa credibilidad de la que gozaba en Wall Street instigó a otros gestores a hacer lo mismo.

—Los gestores de activos interpretaron el anuncio de Paul Tudor Jones como una suerte de luz verde a entrar en el espacio cripto —señalaría Brett Messing más tarde—. Es uno de los tipos más respetados en Wall Street.

En entrevistas posteriores, llegó a comparar comprar Bitcoin con poseer Apple en los ochenta.

—Ahora sé lo que se siente al invertir en tecnológicas —añadió Tudor Jones—. Es como invertir con Steve Jobs en Apple o invertir en Google en sus primeros días. Hay un grupo de personas desperdigadas por todo el mundo que anhelan ver cómo Bitcoin consigue convertirse en un depósito de valor. Nunca he tenido una protección contra la inflación con el valor añadido de contar con un magnífico capital intelectual detrás. Bitcoin me gusta incluso más ahora que entonces.

Por supuesto, en 2020, Tudor Jones no fue más que una de las muchas celebridades de la inversión que aparecieron en los medios financieros y en *Squawk Box* para elogiar con efusividad a Bitcoin. En noviembre, el inversor milmillonario Stanley Druckenmiller acudió a la CNBC y declaró que él también poseía el activo digital, sobre todo a modo de protección frente al declive del dólar, y que podía ser una mejor inversión que el oro.

—A decir verdad, si la apuesta por el oro funciona, es probable que la apuesta por Bitcoin lo haga todavía mejor, porque es mucho más ligero y líquido y su coeficiente beta[15] es muy superior —afirmó Druckenmiller, quien sin embargo puntualizó que posee varias veces más oro que Bitcoin—. Aunque estoy bastante chapado a la antigua, me ha convencido el hecho de que Bitcoin sea una clase de activo con mucho atractivo como depósito de valor.

En 1980, Druckenmiller fundó Duquesne Capital, uno de los primeros y más exitosos fondos de cobertura de todos los tiempos. Desde 1981 hasta su cierre en 2010, la rentabilidad promedio de los clientes ascendió al 30 por ciento. Gestionaba capital para George Soros y en 1992 se coordinaron juntos para quebrar el Banco de Inglaterra, apostando por una severa caída de la libra que les procuró más de 1.000 millones de dólares en beneficios. Es una leyenda, no un fondo de cobertura más que entra y sale sin ton ni son de la última posición de moda.

En los meses siguientes, una multitud de gigantes de los fondos de cobertura se pusieron a añadir Bitcoin a sus carteras. Dan Loeb, uno de los inversores más inteligentes y talentosos que conozco, reveló que hizo una apuesta por el activo digital después de realizar lo que describió como «una profunda inmersión en el universo cripto en los últimos tiempos, que ha puesto a dura prueba mi apertura intelectual a ideas nuevas y controvertidas».

Pronto lo seguirían financieros más establecidos. Rick Rieder, el siempre curioso y atento director de inversiones de BlackRock, el mayor gestor de activos del planeta, salió en *Squawk Box* deshaciéndose en elogios hacia Bitcoin.

15. Indicador de riesgo de un valor bursátil. (*N. del t.*)

—Creo que las criptomonedas han llegado para quedarse y que durarán. Creo que las monedas digitales y la receptividad —en particular entre los *millennials*— de la tecnología y los criptoactivos es real —declaró Rieder—. Creo que Bitcoin ha llegado para quedarse y que desplazará en gran medida al oro. Resulta mucho más práctico que moverse con un lingote.

Al cabo de no mucho tiempo, las cotizaciones de Bitcoin comenzaron a aparecer en las pantallas de televisión, junto al Dow Jones y el S&P 500. Y no sólo Bitcoin. Los precios de Ethereum y Solano competían por espacio con la cotización del petróleo y la rentabilidad a diez años. Los estrategas de la renta variable hacían cada vez más menciones a Bitcoin en sus análisis del mercado bursátil macro general.

Sin embargo, el respaldo más contundente e influyente estaba por llegar.

9

Lo que Musk te ha dado, Musk te lo puede quitar

El 20 de diciembre de 2020, un revelador intercambio en Twitter captó la atención de muchos participantes del mercado.

De madrugada, Elon Musk, el hombre más rico del planeta y CEO de Tesla y SpaceX, entre otras compañías, entró en Twitter (que más tarde compraría y rebautizaría como X) y publicó una imagen de un monje barbudo que trataba de resistir la tentación de una voluptuosa mujer recostada sobre una cama. Incluía las palabras: «Yo intentando llevar una vida normal y productiva». Las posaderas de la mujer estaban cubiertas por la palabra Bitcoin.

El mensaje disparó el precio de la moneda y atrajo la atención de Michael Saylor, fundador y CEO de MicroStrategy Inc. Su empresa acababa de incorporar Bitcoin a su balance.

—Si quieres hacer un favor de 100.000 millones de dólares a tus accionistas, convierte el balance [de Tesla] de dólares estadounidenses a Bitcoin —tuiteó Saylor—. Otras compañías del S&P 500 seguirían tu ejemplo y, con el tiempo, se tornaría en un favor de un billón de dólares.

—¿Son posibles transacciones así? —contestó Musk.

—Sí —respondió Saylor—. He comprado más de 1.300 millones de dólares en #BTC en los últimos meses y me encantaría compartir mi estrategia contigo offline.

Musk había tuiteado al respecto en el pasado, aludiendo a Bitcoin en ocasiones como su «palabra de seguridad», e incluso había llegado a bromear con que era «casi tan basura como el dinero fiat». Cuando publicó esa entrada, eran las 3.45 (hora de la Costa Este), así que no estaba del todo claro si iba en serio o todavía estaba de farra. Más adelante esa noche o madrugada, entró de nuevo en Twitter para publicar el siguiente mensaje: «Una palabra: Doge».

Bastó eso para que Dogecoin, una criptomoneda de temática canina que llevaba existiendo desde 2013, subiera un 40 por ciento. De nada importó que siempre hubiera sido un chiste. De hecho, fue creada por dos ingenieros de software como una manera de mofarse de lo que veían como una burda especulación en el espacio de los criptoactivos. A diferencia de Bitcoin, está diseñada para ser inflacionaria, escupiendo nuevas monedas cada minuto. Su logo oficial es la cara de Kabosu, un perro shiba inu de Japón. Todo ello pretendía ser una sátira, y hay quienes interpretaron el tuit de Musk como una pulla contra la comunidad cripto. Remató la noche, o la mañana, tuiteando: «Ven por los comentarios, quédate por los memes».

Y, a modo de colofón, hizo una última cosa: cambió su título de biografía en Twitter de «CEO de Twitter y SpaceX» a la fantasía «Antiguo CEO de Dogecoin».

Resulta obvio que todo era un chascarrillo, pero como habría dicho Freud: «Toda broma es una verdad envuelta en una sonrisa», y esa noche Musk parecía estar expresando un interés genuino por las criptomonedas en general y por Bitcoin en particular. La verdad todavía no estaba clara, pero en cualquier caso esos tuits estaban zarandeando al alza y a la baja criptoactivos de todos los tamaños.

En enero de 2021, había pocas acciones tan atractivas como Tesla y no había nadie tan influyente como Musk. El día 8, una subida al final de la jornada revalorizó un 5 por ciento las acciones de Tesla, catapultando a Musk a la cima de la clasificación mundial de personas más ricas, con un abrumador patrimonio neto de 188.500 millones de dólares. Superó por poco al fundador de Amazon, Jeff Bezos.

Musk se tomó un momento para reflexionar sobre ello haciendo lo que acostumbra. Entró en Twitter y publicó: «Qué raro»; y luego añadió: «Bueno, vuelvo al trabajo».

Quizá debido a su ubicua presencia en Twitter, Musk parecía estar en todas las salsas, opinando sobre todos los temas al mismo tiempo, desde las medidas contra la COVID hasta otras cuestiones sociales candentes. Algunas veces, tuiteaba sobre algún hito empresarial de SpaceX o Tesla, otras publicaba memes irreverentes, por lo general con una caricatura de una mujer en pose sugerente. Se burlaba de reguladores y políticos por igual, irguiéndose en un iconoclasta global, alguien que —aun formando en gran medida parte de él— se hallaba por encima del sistema. Ello lo invistió de una credibilidad única para la comunidad cripto, que siempre había tenido un cierto cariz libertario y antigubernamental. Y es que Bitcoin existía al margen del sistema y era adoptado por usuarios que buscaban un producto que no estuviera corrompido por la impresión de billetes o las gravosas regulaciones del banco central. Estaban reinventando el sistema bancario mediante la construcción de una red que revolucionaba conceptos seculares acerca del dinero y la riqueza, pero que cuestionaban y ridiculizaban en cada ocasión que se les presentaba a algunos de los nombres más respetados del mundo: Warren Buffett, Jamie Dimon, Mark Cuban, Paul Krugman y Nouriel Roubini.

Los criptoevangelistas vieron en Musk un alma afín. En particular, a través de SpaceX y Tesla estaba redefiniendo industrias tradicionales al tiempo que demostraba que sus detractores se equivocaban. Al introducir la producción masiva de vehículos eléctricos, estaba poniendo patas arriba la industria de la automoción y plantando cara a los Tres Grandes[16] en Detroit. Sus críticos pusieron el grito en el cielo. «¿Por qué iba a querer alguien un coche eléctrico? La carga es un problema, y la autonomía deja mucho que desear.» Pero Musk se centró en lo que en verdad importa: el consumidor. Los Tesla eran automóviles en el sentido de que tenían cuatro ruedas y puertas, pero hasta allí llegaban todos sus parecidos. Su aspecto era dis-

16. Los *Big Three* son los tres principales fabricantes de coches estadounidenses: General Motors, Ford y Chrysler. (*N. del t.*)

tinto, su conducción era diferente. No contaban con velocímetros ni rudimentarios botones. Su lugar en el centro del coche lo ocupaba un gran dispositivo similar a un iPad. Era más rápido y silencioso que cualquier otra cosa en la carretera y, siendo más ligero, también era más seguro. Disponía de la última tecnología, capaz de conducir literalmente sola. No era un coche, era un ordenador sobre ruedas, y los fieles quedaron convencidos. Los inversores tomaron nota, impulsando con fuerza al alza las acciones, para disgusto de sus muchos detractores. Tesla siempre había sido un valor con el que se negociaba en corto, de modo que en realidad los inversores estaban apostando por que las acciones bajarían. Se centraban en lo que consideraban malos indicadores: el número reducido de entregas, las pérdidas por coche y la falta de infraestructura para vehículos eléctricos. Huelga decir que no conseguían ver a Tesla como lo que en esencia era: un coloso tecnológico. Tesla no era una empresa de automoción, al igual que Netflix no era un medio de comunicación ni Amazon un minorista.

En 2017, entregó unas 103.000 unidades, pero logró algo más que en ese entonces se consideraba impensable: superó a General Motors y se convirtió en el mayor fabricante de automóviles de Estados Unidos. ¿Cómo lo hizo? Aunque sus ventas no eran muchas, su futuro parecía más prometedor que el de cualquier otra compañía del sector. Cinco años más tarde, esa cifra aumentaría a 1,8 millones de unidades. Tesla había acaparado el mercado de los vehículos eléctricos, y el resto de los fabricantes estaban ahora atrapados en una carrera desesperada por alcanzarla.

¿Te suena familiar? Tesla fue el Bitcoin de la automoción: era transformadora, era el futuro de los coches. Y también ayudó que su fundador fuera además uno de los fundadores —junto con Peter Thiel, entre otros— de PayPal, un proveedor temprano de servicios de pago electrónicos. Musk no era un milmillionario cualquiera que se tropezó con Bitcoin por casualidad. Había estado trabajando en el ámbito de las plataformas de pago antes siquiera de que existieran. Él era el verdadero tesoro: un visionario, ingeniero y hombre de negocios, todo en uno. Y tenía un ramalazo ácrata que casaba a la perfección con el talante antisistema de los partidarios de Bitcoin.

En resumen: Musk ya era un héroe para la comunidad cripto, pero estaba a punto de convertirse en un dios.

El 29 de enero de 2021 entró en su cuenta de Twitter, que acumulaba en ese momento 44 millones de seguidores, y cambió su bio de «CEO de Tesla» a un escueto «#Bitcoin». Los entusiastas de los criptoactivos tomaron nota, revalorizando Bitcoin en un 20 por ciento. Dos días más tarde, sólo para cerciorarse de que se había expresado con claridad, Musk volvió a Twitter y dijo: «En este momento, creo que Bitcoin es algo bueno, y tiene mi apoyo». Una locura se apoderó de los inversores en criptomonedas. ¿Abrazaría la moneda digital y la añadiría al balance de Tesla, según sugirió Saylor? ¿Se pronunciaría en público el hombre más rico e influyente del mundo, una persona cuyo nombre figura en el monte Rushmore de los inventores, junto con Da Vinci, Edison y Jobs? ¿Secundaría sus palabras con hechos y compraría Bitcoin?

La respuesta llegó una semana después, en la madrugada del 8 de febrero. Oculto dentro de un modelo 8-K que se publicó sin demasiados aspavientos, Tesla anunciaba que había adquirido 1.500 millones de dólares en Bitcoin.

Andrew Ross Sorkin, de la CNBC, soltó la primicia, leyendo en voz alta el comunicado de la empresa.

—¿Estáis listos para esto? —preguntó Sorkin a los telespectadores—. Tesla afirma que «hemos actualizado nuestra política de inversión para conseguir una mayor flexibilidad a la hora de seguir diversificando y maximizando los rendimientos del efectivo que no necesitemos con vistas a mantener una adecuada liquidez operativa. Como parte de esta política, es posible que destinemos una porción de dicho efectivo a determinados activos de reserva alternativos, incluidos activos digitales, lingotes de oro, ETF de oro y otros activos, según se indicarán en el futuro. Por consiguiente, hemos invertido un total de 1.500 millones de dólares en Bitcoin y podríamos adquirir y mantener activos digitales de forma puntual o a largo plazo. Además, esperamos comenzar a aceptar Bitcoin como forma de pago para nuestros productos en un futuro cercano, con arreglo a la legislación aplicable y en un primer momento de forma limitada, que podríamos o no liquidar tras el cobro».

Twitter se desató por completo y cundió el frenesí entre los creyentes de las criptomonedas. Un instante después de leer las noticias, Bitcoin y Tesla comenzaron a subir, alcanzando el primero su entonces máximo histórico de 44.000 dólares. No es posible exagerar las implicaciones para Bitcoin. Una de las compañías más valiosas del mundo, fundada y operada por uno de los hombres de negocios más influyentes del mundo, acababa de abrazar abiertamente las criptomonedas en general, y Bitcoin en particular. ¿Seguirían sus pasos otros gigantes tecnológicos? ¿Y si Apple decidiera aceptar Bitcoin? ¿Y Google? La red estallaría y los precios se pondrían por las nubes.

Katie Haun, experta en criptoactivos del gigante del capital riesgo Andreessen Horowitz, entró en Twitter para celebrar la buena nueva: «Excelentes noticias para el espacio cripto esta mañana: @Tesla compra BTC como parte de su tesorería. ¿Qué compañía o compañías crees que serán las siguientes?».

Otros se mostraron impresionados por la magnitud de la apuesta de Musk, observando que hablaba de su grado de convicción. En ese momento, Tesla contaba con unos 20.000 millones de dólares en efectivo y valores a corto plazo en su balance. Este movimiento no era una simple compra del 1 por ciento o el 2 por ciento, un guiño intrascendente a la comunidad cripto. Era casi el 10 por ciento de su efectivo disponible: eran hechos, no gestos. Unas semanas antes, en una declaración presentada ante la Comisión de Bolsa y Valores, el entonces director financiero de Tesla, Zachary Kirkhorn, procedió a actualizar su título, añadiendo el irónico alias de «Señor de Bitcoin» junto a «Director financiero».

Así comenzó el que quizá fuera el año más especulativo de Wall Street desde 1999, el clímax de la burbuja puntocom. «Conozco más gente con una SPAC que con COVID», citaba *The New York Times*, a medida que la fiebre especuladora se propagaba por los mercados financieros. Las compañías de adquisición de propósito especial (SPAC, *special-purpose acquisition company*) llevaban décadas existiendo, pero adquirieron una tremenda popularidad en los primeros días de 2021, a medida que más y más compañías se abalanzaban sobre los mercados públicos (a diferencia de las ofertas públicas de venta tradicionales, u OPV, las SPAC afrontaban barreras de cotización menos exigentes y permitían a las empresas salir a Bolsa más rápido). Sin embargo, las OPV también estaban despegando, con algunos de los nombres más conocidos del mundo dispuestos a abandonar los mercados privados.

Las acciones tecnológicas experimentaron una fuerte subida, a medida que los inversores y las corporaciones de Estados Unidos comenzaron a aprovechar el poder de la tecnología. El ARK Innovation Fund de Cathie Wood, que invertía en nuevas empresas disruptivas de cotización pública, incluidas Tesla, Zoom y Teledoc, arrasó. Los cambios diarios en el fondo alteraban las valoraciones de las acciones entre un 3 y un 4 por ciento. A principios de 2021, mucha gente seguía teletrabajando. Se había comenzado a distribuir la vacuna contra la COVID, pero todavía no se habían administrado muchas unidades, y la mayoría de las personas seguían trabajando desde casa, pasando cada vez más tiempo frente a sus ordenadores y teléfonos, y especulando con acciones y criptoactivos. Muchos restaurantes y bares seguían cerrados o afrontaban duras restricciones. Los eventos deportivos o no se celebraban o lo hacían sin espectadores. No se estaban estrenando películas. En realidad, no había gran cosa que hacer más allá de ver televisión por cable y Netflix o negociar con acciones.

Millones de estadounidenses regresaron a la renta variable y los criptoactivos. David Portnoy, el famoso fundador de Barstool Sports, comenzó a retransmitir en vivo sus sesiones de negociación, entrando y saliendo de posiciones como American Airlines —«¡En este país, nos encanta volar!», rugía a sus millones de seguidores—, como si estuviera apostando por el equipo ganador en los minutos de descuento. Se abrían nuevas cuentas en las corredurías online, incluidas Robinhood, E-Trade y Charles Schwab, a un ritmo sin precedentes. La plataforma de intercambio de criptomonedas Coinbase, de enorme popularidad, registró un volumen récord de operaciones, algo bastante oportuno dado que ese año se disponía a salir a Bolsa a través de una cotización directa. Apple acababa de desdoblar sus acciones por primera vez en siete años.

Estados Unidos se estaba enriqueciendo, y en esa orgía especulativa de gasto público masivo, bajos tipos, acciones rampantes y tiempo ocioso, Bitcoin estaba arrasando. Después de superar los 44.000 dólares, volvió a romper un nuevo récord al superar los 64.000 dólares el 13 de marzo. Como empresa, era difícil no dejarse llevar por la emoción con todo lo que estaba ocurriendo. Dimos el paso a finales de 2020, y entonces estábamos cosechando los frutos de nuestra atinada apuesta. Huelga decir que nos habría encantado comenzar a adquirir Bitcoin unos años antes, cuando su precio rondaba los 2.000 dólares. Sin embargo, cuando comenzamos a indagar en el espacio cripto, todavía no nos sentíamos cómodos con la infraestructura inicial. Aunque 64.000 dólares era mucho más de lo que pensamos que Bitcoin alcanzaría tres meses después de lanzar nuestro fondo, seguía siendo mucho menos de lo que pensábamos que llegaría a alcanzar: al menos 500.000 dólares por moneda.

Como a Brett Messing le gustaba señalar, los inversores en este ámbito se mantienen mejor informados siguiendo las noticias que centrándose en los precios. «Pagases el precio que pagases por Bitcoin, es probable que fuera diez veces más alto que cuando lo consultaste por primera vez —dijo Messing—. Y eso no es fácil de aceptar. Quienes compraron a 600 dólares probablemente lo vieron por primera vez a 60 dólares. Quienes compraron a 6.000 dólares probablemente lo vieron por primera vez a 600 dólares.»

Entonces, ¿cómo fue dar el paso? Fue una sensación fabulosa. Después de algunas reservas iniciales por parte de ciertos clientes (sobre todo nuestros distribuidores), estábamos recibiendo muchos parabienes por apostar por el progreso y el futuro. Desde luego, no fuimos los primeros en abrazar las criptomonedas y Bitcoin, pero claramente tampoco los últimos, y nos adelantamos mucho al resto de la industria.

No obstante, como suele decirse, todo lo que sube baja: tras un ascenso casi ininterrumpido, que catapultó a Bitcoin por encima de los 60.000 dólares, llegando al disparate de triplicar su precio en apenas unos meses, algún tipo de corrección parecía inevitable. Me esperaba que fuera grande, pero lo que nunca habría previsto es qué lo causaría: *Saturday Night Live*.

El 25 de abril de 2021, los productores anunciaron que el 8 de mayo Musk presentaría el programa junto con Miley Cyrus. Poco después, éste entró como siempre en Twitter y publicó: «Presentaré SNL el 8 de mayo. Veamos cómo es en realidad *Saturday Night Live*».

La reacción no fue amistosa. Hay quienes exigieron que

Lorne Michaels, productor desde hacía mucho tiempo, fuera expulsado. Bowen Yang, una de las pocas estrellas jóvenes que han surgido del programa, publicó un emoji triste en su cuenta de Instagram. Aidy Bryant, otra famosa, publicó una captura de pantalla de un tuit de Bernie Sanders que decía: «Hoy, las 50 personas más ricas de Estados Unidos poseen más patrimonio que la mitad más humilde de nuestra población. Dejadme repetirlo porque suena casi demasiado absurdo para ser cierto: las 50 personas más ricas de este país poseen más patrimonio que unos 165 MILLONES de estadounidenses. Es una obscenidad moral».

La increíble riqueza de Musk, junto con sus tuits afilados en los que cuestionaba las medidas contra la COVID, habían provocado que pasara de ser un referente de la izquierda a una figura más controvertida. A título personal, creo que Musk es un genio cuyas contribuciones a la humanidad todavía no se entienden por completo. Sin embargo, durante la montaña rusa emocional que fue 2020, se había convertido en alguien polémico. En cualquier caso, el anuncio captó la atención del mundo, muy en especial de los partidarios de las criptomonedas.

En consecuencia, los precios de varios criptoactivos repuntaron. La valoración de Bitcoin se incrementó en más de un 10 por ciento, mientras los inversores se preguntaban qué diría el siempre imprevisible Musk. ¿Haría otro anuncio relativo a Tesla? ¿Respaldaría a Bitcoin o Dogecoin, o quizá a alguna otra criptomoneda? Dado que muchas de ellas se negocian de forma continua, 24 horas al día, siete días a la semana, las personas podían operar incluso durante su intervención.

El programa fue bastante soso, las bromas no fueron gran cosa. Lo más reseñable llegó cuando Musk reveló que tiene Asperger, pero por lo demás fue un cierto fiasco, un espectáculo sobre el que había demasiadas expectativas que perdió todo su lustre a los diez minutos de emisión. Pero entonces sucedió algo importante.

Como parte de la sección «Weekend Update», Musk interpretó al experto financiero Lloyd Ostertag, quien se suponía que iba a explicar en qué consistían Bitcoin y los criptoactivos. Apareció con pajarita, con un aspecto muy profesoral. El moderador del segmento, Michael Che, le preguntó:

—Entonces, ¿qué son las criptomonedas?

Musk dio una respuesta estándar acerca de la tecnología de cadena de bloques y nombró unas pocas, incluidas Bitcoin, Ethereum y, por supuesto, Dogecoin.

A lo que Che replicó:

—¿Qué es Dogecoin?

Obtuvo otra contestación genérica:

—Se creó en 2013, y cuenta con una oferta en circulación de 117.000 millones de monedas. Es el futuro de las divisas.

El programa siguió en esa línea un par de minutos más, mientras los presentadores no paraban de preguntar:

—¿Qué es Dogecoin?

Al cabo, Che soltó:

—¿Así que es un timo?

—Sí, es un timo —convino un complaciente Musk, para regocijo de la audiencia.

A los inversores la chanza no les hizo mucha gracia, y

el precio de Bitcoin, Doge y otras criptomonedas se desplomó. En parte, puede que todo fuera una operación del tipo «compra con los rumores, vende con las noticias». Las criptomonedas habían subido en antelación al programa, pero las palabras que empleó para hablar de Doge —y por extensión de todo el espacio cripto—, «un timo», proporcionaron a los tenedores de Bitcoin más dubitativos un motivo de peso para liquidar su inversión. Después de todo, quizá no fuera un verdadero creyente de Bitcoin, quizá todo su respaldo fuera una broma, como lo era el propio Dogecoin. Nunca era fácil saber qué pensaba de verdad el fundador de Tesla.

Pero Musk no había terminado, y cualquier duda acerca de su compromiso con las criptomonedas se despejó cuatro días después, cuando entró en Twitter para anunciar que Tesla no aceptaría Bitcoin debido a su impacto en los combustibles fósiles, un cambio de rumbo radical respecto a su postura de apenas dos meses antes.

«Tesla ha suspendido las compras de vehículos por medio de Bitcoin. Nos preocupa el rápido aumento del uso de energías de origen fósil para minar y operar con Bitcoin, en especial de carbón, el combustible que más emisiones genera —escribió Musk—. Las criptomonedas son una idea excelente a muchos niveles y creemos que les aguarda un futuro prometedor, pero no puede ser a un enorme coste para el medio ambiente.»

Los precios de Bitcoin, que llevaban bajando desde que calificó a Doge de «timo», estaban ahora en caída libre, y no cesarían de caer durante al menos otro mes, cuando terminaron por tocar fondo en torno a los 29.000 dólares, una pérdida de casi un 50 por ciento. Para muchos, la actuación de Musk había sido una gran broma: promociona Bitcoin y los precios suben; luego lo ridiculiza y se desploman. Todo ello pareció validar por un momento a sus críticos más acérrimos, quienes afirmaban que era todo una estafa.

Aun así, ni siquiera Musk pudo sofocar la euforia especulativa que fue 2021, y Bitcoin experimentaría una subida fuerte más, alcanzando un máximo de casi 70.000 dólares en noviembre de 2021.

10

Un poco de SALT

En septiembre de 2021, después de un paréntesis de un año causado por la pandemia, retomamos una tradición de SkyBridge: la conferencia SALT. Desde 2009, cada mayo habíamos celebrado nuestra conferencia de Alternativas SkyBridge (SALT, *SkyBridge Alternatives*) en Las Vegas.

La primera la organizamos durante lo más crudo de la crisis financiera. Desde nuestro punto de vista, era una manera de diferenciarnos de otros gestores de activos, que además enviaba un mensaje potente a Wall Street: no sólo íbamos a sobrevivir a la crisis, sino que saldríamos fortalecidos de ella.

Teníamos claro que ésta no sería la típica conferencia financiera a la que la gente detesta ir. Sería emocionante y divertida, un gran estímulo para el intelecto, pero al mismo tiempo muy entretenida. Sería la mejor fiesta que pudieses imaginar, una ocasión fantástica para establecer contactos dentro de la industria y hacer crecer tu negocio. No *tenías que* ir: *querías* ir.

El plan era simple: coger a las figuras más destacadas de los negocios, la política y la cultura pop y reunirlas en una serie de ponencias que lo cubrirían todo, desde el S&P 500 hasta las tensiones en Oriente Próximo, pasando por temas del mundo del entretenimiento y los deportes. Hablaron Magic Johnson y Dan Loeb, David Tepper organizó una mesa redonda y hasta intervino el antiguo presidente George W. Bush. Algo así como Davos sin el mal tiempo y sin toda esa pretenciosa pompa. Los líderes del pensamiento y de la inversión se congregaron en Las Vegas y, como colofón, la velada terminaría con un concierto de Train. Si he aprendido algo en mi tiempo en Wall Street, es que a los blancuchos nos encanta Train. Nos sentíamos únicos.

Desde esa primera edición de 2009, SALT ha contribuido enormemente a nuestro negocio y a los de nuestros clientes. Y luego, en 2020, irrumpió la COVID. Al igual que sucedió a tantos otros en Wall Street, para marzo nuestros fondos se habían desplomado. No nos esperábamos que la COVID tuviera tanto alcance y causara tanta devastación como lo hizo. Creíamos que sería algo similar a otras infecciones respiratorias anteriores, que habían ralentizado las economías regionales, pero sin llegar nunca a anquilosarlas. Nuestro fondo sufrió un duro golpe, y tuvimos las peores dos semanas de pérdidas en la historia de nuestra compañía. Pese a ello, este peaje financiero palideció ante la catástrofe social de la que fuimos testigos de primera mano en Nueva York: los hospitales no daban abasto, la ciudad sucumbía. Cerramos nuestra oficina. Todo el mundo se puso a teletrabajar. No habría conferencia SALT ese año. Las Vegas, como el resto del mundo, seguía cerrada en mayo de 2020. Pero el mercado se recuperó, nos sobrepusimos. Nuestros clientes permanecieron leales y se recobraron de sus pérdidas. Nuestra transición de finales de año a Bitcoin se reveló una tabla de salvación, y para 2021 estábamos creciendo de nuevo.

La nueva normalidad en poco se parecía a la antigua, pero el mundo y Estados Unidos estaban tratando de volver a una cierta cotidianidad. Las vacunas se estaban abriendo camino entre la población. La gente estaba empezando a reanudar las actividades presenciales, como las cenas en interiores y los eventos deportivos, aunque casi siempre con mascarilla. En SkyBridge adoptamos todas las precauciones: para poder entrar en la oficina, tenías que estar vacunado y someterte a una prueba, pero también nosotros queríamos retomar algunas de nuestras antiguas tradiciones.

SALT siempre había sido un evento definitorio de nuestra compañía y, con el paso a Bitcoin, prometía ser una oportunidad todavía mayor. Las criptomonedas estaban revolucionando la industria de los servicios financieros como hizo internet veinte años antes, y todos los participantes del mercado —desde los gestores de activos hasta los directores tecnológicos y los banqueros— querían saber cómo afectaría esta pujante tecnología a sus negocios. Bitcoin también era un tema candente entre los dirigentes políticos, que buscaban definir un marco normativo para esta clase de activos.

Habíamos organizado mesas redondas sobre las criptomonedas en anteriores conferencias SALT. Mike Novogratz era un habitual, y en otra ocasión intervinieron los gemelos Winklevoss. No obstante, esta edición sería distinta. Aprovecharíamos la oportunidad para presentar a adoptantes tempranos de Bitcoin, como Wences Casares y Peter Briger, a financieros tradicionales que podían sentirse indecisos con respecto a Bitcoin. Y no hablaríamos sólo de la criptomoneda, sino que entraríamos en los rudimentos del negocio: infraestructura de cadena de bloques, *altcoins* y soluciones de custodia. Todas las arcanas cuestiones que podrían abordarse en una conferencia de inversión tradicional, pero con un enfoque en las criptomonedas. Ya éramos uno de los gestores de criptoactivos más importantes. Debíamos publicitarnos como tales y ceñirnos al plan que tan buenos resultados nos había dado en el pasado: reunir a las mentes más brillantes en un aula y charlar sobre inversiones, política, cultura y, ahora, Bitcoin.

—Hablemos con el hotel Bellagio para ver si nos pueden acoger —sugerí al equipo.

Habíamos firmado un contrato con el Bellagio para mayo de 2020, pero perdió toda validez después de que cerrara el hotel. En 2021, mayo parecía demasiado pronto, así que buscamos algo más adelante en el año, en torno a septiembre. Empezamos a elaborar una lista de genios e inversores. El recién elegido alcalde Adams, quien había anunciado que la ciudad de Nueva York admitiría Bitcoin, aceptó nuestra invitación. También se comprometió a acudir Ray Dalio, así como Novogratz y Loeb. Intervendrían además Cathie Wood, Steve Cohen, Paris Hilton y Joe Torre (quien pondría el toque de humor), entre otros. Asimismo, añadimos a una serie de voces del mundo cripto, como Dan Morehead, de Pantera; Jeremy Allaire, de Circle; Asiff Hirji, antiguo presidente de Coinbase; Sam Bankman-Fried (más sobre esto más adelante), y muchos más. Iba a ser la conferencia SALT más sonada desde su inauguración.

Sin embargo, había un problema.

—Nuestros patrocinadores no quieren ir a Las Vegas —me anunció mi socio John Darsey por Zoom—. Les preocupa demasiado el viaje.

Finales de 2021 fue un período delicado en términos de salud y seguridad públicas. Había mucha gente que sencillamente no se sentía a gusto viajando y acudiendo a entornos no controlados.

—¿Qué preferirían? —pregunté.

—Bueno, están dispuestos a asistir a un evento en Nueva York, eso los convence más.

—Pues parece que nos vamos a Nueva York, entonces —contesté.

Echando la vista atrás, era la opción que más sentido tenía: la ciudad era la zona cero de la COVID, y estaba empezando a volver a la vida. Al igual que sucedía con el propio Bitcoin, puedes intentar aplastar a la Gran Manzana, pero nunca acabarás con ella. Siempre resurge, resiliente, infatigable y tenaz. Nuestra conferencia sería una proclamación al mundo: Nueva York estaba de vuelta, y con ella, SkyBridge. Por supuesto, adoptamos medidas para asegurarnos de que se cumplirían las condiciones más seguras. Los asistentes tenían que presentar una prueba de vacunación. Para rematar el evento, tocaron The Chainsmokers.

El *feedback* fue muy positivo, pero lo que más me sorprendió fue la respuesta de los gestores de activos de renta variable tradicionales. La conferencia reunió a una insólita combinación de adoptantes precoces y gestores de activos tradicionales, que compartieron mesas redondas e intercambiaron puntos de vista sobre el futuro de las finanzas. No estaba demasiado seguro de cuántos de ellos se sentirían a gusto con tanto contenido relacionado con el espacio cripto. Fue a partes iguales una conferencia sobre criptoactivos y sobre inversiones tradicionales, pero a finales de 2021 el límite entre ambos mundos estaba empezando a desdibujarse. Sin embargo, casi todos los clientes nos hicieron saber cuánto les había gustado y lo mucho que habían aprendido durante todo el evento. Si eras un pionero de Bitcoin, SkyBridge llegaba tarde; si eras un gestor de activos tradicional, todavía era demasiado pronto. De algún modo, nos las apañamos para granjearnos el aplauso de ambos grupos, toda una proeza. Ayudó que Bitcoin estuviera creciendo y se hallara a escasos dos meses de alcanzar máximos históricos.

Han pasado años desde entonces, y Bitcoin forma ya parte integrante de la conferencia SALT. Incluso hemos introducido un simposio sobre cadena de bloques en Wyoming, un evento al que se accederá sólo con invitación y que reunirá a los principales inversores, legisladores y emprendedores del sector de los activos digitales, justo antes de que la Reserva Federal celebre su simposio de Jackson Hole. A eso se lo llama contraprogramar. Estaríamos en el hotel Four Seasons recibiendo a fundadores de criptomonedas, algo muchísimo más interesante que lo que podían ofrecer los banqueros centrales.

Al final, SALT 2021 fue más que una conferencia: fue una demostración de liderazgo en la industria de los servicios financieros, tanto para Nueva York como para el resto del mundo. Selló nuestro compromiso con esta nueva tecnología emergente que estaba transformando el panorama financiero. Fue una muestra de resiliencia en todas sus formas.

La necesitaríamos. Nos esperaba un año muy duro.

11

El comienzo del invierno cripto

SALT Nueva York fue un triunfo sin paliativos. Sin embargo, en torno a ese período, la fiesta de los activos de riesgo llegó a su fin. No hay manera de saber cuándo se alcanza un máximo, y no hubo un catalizador claro para el declive de los mercados generales. Después de aumentar un 35 por ciento en 2019, un 43 por ciento en 2020 (pocos lo vieron venir en marzo de 2020) y un 21 por ciento en 2021, el índice Nasdaq Composite necesitaba un respiro. Y se lo tomó a lo grande.

Durante la mayor parte de 2020 y 2021, unos tipos bajos y un estímulo fiscal y monetario sin precedentes impulsaron la economía y elevaron los precios de todos los activos. No obstante, la economía real seguía aletargada: la gente no estaba viajando tanto, muchos restaurantes continuaban cerrados y la mayoría de las personas seguían teletrabajando. Todo empezó a cambiar en 2022, y la economía física volvió a arrancar a toda máquina: las adormecidas cadenas de suministro se atascaban y se producían restricciones de insumos, que condujeron a una persistente subida de los tipos de interés y a un retorno a tasas de inflación propias de los años setenta. Fruto de ello, los inversores comenzaron a reajustar los precios, sobre todo de las acciones de tecnológicas y de alto crecimiento. Si un activo era especulativo, se vendía, las compañías de adquisición de propósito especial (SPAC) se desplomaron y, por supuesto, los tenedores de Bitcoin no hacían más que vender.

Comenzaron las llamadas telefónicas de clientes, a quienes recordábamos el dicho favorito de Brett Messing: «Presta atención a las noticias, no a los movimientos de precios».

Resultaba más fácil de decir que de hacer. Sin embargo, en 2022 comenzó a dibujarse un interesante patrón: nació una creciente correlación entre las tecnológicas y Bitcoin. El Nasdaq 100, que constituye el mejor medidor general de las acciones tecnológicas, incorporó a Bitcoin. El crecimiento y la expectativa de futuros flujos de caja son los principales impulsores de este índice y, en consecuencia, es mucho más sensible a la subida de los tipos de interés, ya que los inversores ponen en entredicho el futuro valor de tales ganancias. Si crees que Bitcoin es un activo de crecimiento y que su valor se verá determinado por la velocidad a la que crece su red, entonces, por lógica, también estará sujeto a las mismas fuerzas que impulsan a los activos de riesgo tradicionales, como las acciones de crecimiento.

Pero ese otoño Bitcoin afrontó problemas más graves. El 2 de noviembre de 2022, *CoinDesk*, una publicación sobre el mundo cripto, informó de que FTX, una de las mayores plataformas de intercambio de criptomonedas del mundo, estaba mezclando su propio fondo de cobertura interno con los de sus clientes. El informe espantó a sus inversores y a otros participantes del mercado cripto. Pronto se produjo una fuga de depósitos, y el 11 de noviembre FTX se declaró en quiebra y se congelaron sus activos. Fue el colapso más rápido de una empresa financiera desde el hundimiento de Enron unos veinte años atrás. El acontecimiento sacudió los mercados financieros y confirmó los peores augurios de todos los *haters* de las criptomonedas. Parecía repetirse la historia de Mt. Gox, o algo incluso peor, dando pábulo a las voces que llevaban tiempo tachando a las criptomonedas de estafa y de esquema Ponzi. No es posible sobreestimar el lugar que ocupaba FTX en el universo financiero. Sus inversores incluían los nombres más destacados del ámbito del capital riesgo, entre ellos Sequoia Capital, Thoma Bravo, Tiger Global y Temasek, además de un sinfín de famosos. También había invertido en ella SkyBridge Capital. FTX estaba valorada en más de 35.000 millones de dólares, más que el Nasdaq. Su fundador, Sam Bankman-Fried, siempre reconocible por su característica melena y sus bermudas holgadas, era tan famoso como cualquiera de las celebridades o atletas que respaldaban su producto. Como marca, era tan conocida como Goldman Sachs.

El 3 de noviembre, casi un año exacto después de que se publicara el artículo de *CoinDesk*, Bankman-Fried fue condenado por fraude por robar 10.000 millones de dólares de sus clientes. El 28 de marzo, fue sentenciado a veinticinco años de prisión.

Ya he dicho en público todo cuanto tengo que decir sobre mi relación con Bankman-Fried y su familia, y este libro no es el lugar para volver a entrar en este asunto. Un jurado popular lo declaró culpable, y ahora está cumpliendo su pena, como corresponde.

Sin embargo, semanas después de que FTX se declarara en quiebra, sucedió otra cosa notable: Bitcoin tocó fondo. El 21 de noviembre, alcanzó su nivel mínimo de 15.745 dólares, al que nunca regresaría. No puedo estar más en desacuerdo con la opinión de Warren Buffett acerca de Bitcoin, pero tenía toda la razón cuando afirmó: «Muéstrate cauteloso cuando a los demás les pueda la codicia, y codicioso cuando les pueda la cautela».

Creo que ese día de noviembre marcó un mínimo para Bitcoin de los que sólo se ven en una generación, de la misma manera que el 3 de marzo de 2009 marcó el límite más bajo para el S&P 500 en 666 puntos. La noche siempre es más oscura antes del amanecer, y pocos días han sido tan sombríos como aquéllos. Ahora bien, siendo algo perversos, podría haber sido una de las mejores cosas que le han pasado nunca a Bitcoin y a las criptomonedas: demostraba que Bitcoin es más fuerte que su principal plataforma de intercambio y que sus principales partidarios, y, con ello, exhibía la misma resiliencia que lo llevó de 0,01 dólares a 70.000. Constituía una prueba empírica del efecto Lindy, propuesto por primera vez por Albert Goldman en un artículo en *The New Republic*, el cual postulaba que la longevidad de un humorista guardaba una relación directa con la frecuencia con la que aparecía en televisión. Más tarde, Nassim Nicholas Taleb —famoso por su obra *El cisne ne-*

gro y, paradójicamente, por ser un conocido *hater* de Bitcoin— adaptaría esa idea en una teoría sobre la supervivencia. En su opinión, para «productos no perecederos, cada día adicional puede suponer una mayor esperanza de vida. La robustez de un artículo es proporcional a su vida». En otras palabras: lo que no te mata te hace más fuerte, y si Bitcoin ha sobrevivido durante tanto tiempo, tiene muchas papeletas de seguir existiendo en el futuro.

Después de todo, Bitcoin no necesitaba ni a Bankman-Fried ni a FTX. Quienes vendieron lo hicieron por miedo. La tecnología que hay detrás de Bitcoin no había cambiado; si acaso, se estaba perfeccionando. La red se estaba expandiendo. Las plataformas de intercambio y las corredurías podían facilitar el acceso a Bitcoin, pero no mudar lo que en esencia era: el primer y único depósito de valor descentralizado de la historia.

Bitcoin podía superar las pésimas actuaciones de los peores de entre sus malos agentes, había llegado para quedarse.

Cuando se asentó el polvo a finales de 2022, Bitcoin había perdido un 64 por ciento de su valor, el segundo peor resultado anual. Entretanto, el índice Nasdaq Composite cayó un 33 por ciento, registrando su peor dato anual desde la Gran Recesión. La reputación del sector salió muy mal parada. Pero Bitcoin había superado retos similares en el pasado, y el dinero inteligente no sucumbió al pánico.

De hecho, estaba a punto de comenzar un nuevo y fundamental capítulo, en el que, en lugar de huir de Bitcoin y otras criptomonedas, Wall Street irrumpiría con más fuerza que nunca.

12

Wall Street pasa a la acción

—No paran de hacerme preguntas acerca de Bitcoin —comentó John Normand durante la llamada matutina de J. P. Morgan. Corría el año 2014, y el hombre acababa de estrenarse en su nuevo puesto como jefe de Investigación de Tipos de Interés Internacionales sobre Divisas y Materias Primas. El euro y el dólar australiano se estaban hundiendo, pero todos los clientes de Normand, en especial los australianos, querían información sobre ese nuevo dinero de internet llamado Bitcoin—. Es muy raro —añadió.

Tom Lee levantó la mirada de su escritorio. Como estratega de renta variable de J. P. Morgan, su cometido pasaba por sintetizar montañas de datos —desde los tipos de interés de todo el mundo hasta los innumerables insumos que el mercado bursátil arroja cada día— y, basándose en toda esa información, recomendar a sus clientes una de dos cosas: comprar o vender. No obstante, muchos de esos clientes habían comenzado a plantear preguntas acerca del dinero de internet. Además, no se trataba de pequeños inversores minoristas, asesores de inversión registrados o los típicos agentes financieros, sino de clientes institucionales: fondos de cobertura, dotaciones..., colosos. Y todos parecían obnubilados por una nueva moneda que en total valía alrededor de 50.000 millones de dólares.

Este episodio despertó la curiosidad de Lee. Por esa época, Bitcoin era algo tan nuevo que era casi imposible para un inversor institucional articular una tesis de inversión al respecto. Aun así, levantaba pasiones entre algunos de los clientes macro globales de J. P. Morgan y era objeto de mucha especulación en los despachos de negociación de la compañía. Se cotizaba a entre 400 y 1.000 dólares, pero lo que lo volvía tan atractivo no era su volatilidad, sino el hecho de que fuera una moneda verdaderamente descentralizada, es decir, que no hubiera sido creada por un banco central.

Este interés nunca se tradujo en nada concreto. Pasarían años hasta que J. P. Morgan se adentrase en el espacio cripto, pero esa idea ya había arraigado en la mente de Lee. Después de abandonar la compañía para fundar la suya propia en el otoño de 2014, continuó publicando concienzudos artículos sobre el mercado bursátil, muy leídos y de una notable lucidez, pero lo que en verdad le fascinaba era esa nueva clase de activo: Bitcoin.

Como antiguo analista tecnológico, Lee siempre andaba en busca de una historia de crecimiento a largo plazo que pudiese durar entre cinco y diez años, y esta nueva y misteriosa criptomoneda encajaba en ese perfil. Absorbió cuanto pudo encontrar sobre el tema, leyéndolo todo y hablando con todo el mundo sobre cómo funcionaba la cadena de bloques y qué impulsaba los precios de Bitcoin. Pronto reconoció un patrón: su precio, al menos a largo plazo, dependía sobre todo del número de carteras y de su nivel de actividad. Se diría que Bitcoin no era un mero activo especulativo cuyo precio no se sustentaba en nada, sino que se basaba en un principio de valor persistente: una vez más, la ley de Metcalfe.

Así las cosas, en julio de 2017 Lee hizo algo muy osado: se convirtió en el primer estratega respetado de Wall Street en publicar una nota de investigación sobre Bitcoin. Hoy en día esto podría parecer una banalidad: todas las grandes compañías de Wall Street tienen algún negocio relacionado con criptoactivos, y los estrategas de renta variable vigilan de cerca Bitcoin y las criptomonedas para anticipar el próximo movimiento del mercado bursátil. Sin embargo, en el verano de 2017, ninguno de los principales nombres de Wall Street se atrevía a tocar ese tema.

Para hacer las cosas aún más interesantes, el título del artículo causó sensación en los círculos financieros: «Para 2022, Bitcoin podría valer entre 12.000 y 55.000 dólares por unidad» [«By 2022, Bitcoin could be worth $12,000 to $55,000 per unit»], rezaba el informe.

En ese momento, su cotización rondaba los 2.600 dólares, y acababa de aumentar un 173 por ciento en el último año, así que semejante pronóstico se antojaba un desatino, y los medios financieros se apresuraron a recordar que los cálculos de Lee acerca de la renta variable habían errado a la baja (no obstante, un hundimiento hacia el final del verano terminaría por darle la razón).

Los clientes estaban rabiosos, algunos renunciaron a sus servicios al instante. Un prominente gestor de fondos de cobertura, que había trabajado para un auténtico panteón de gestores de inversión, le envió un hiriente e-mail.

«No puedo creer que hayas escrito esa basura, quiero darme de baja de todos los servicios.»

—¡Estás perdiendo credibilidad! —le bramó otro célebre octogenario por teléfono, cabe imaginar que con saliva acumulándose en las comisuras—. ¡A nadie le importan esas cosas!

Mientras que la vieja guardia estaba horrorizada, otro grupo de inversores se mostraban encantados: las empresas familiares. Los inversores minoristas que seguían sus intervenciones en la CNBC no podían dejar de retuitear sus clips. En el espacio cripto reinaba una euforia rayana en la locura. Era más que una mera inversión: era una pasión que trascendía los simples números.

—Fue un descubrimiento —comentó Lee—. Me quedé atónito por la cantidad de inversores, tanto minoristas tradicionales como profesionales, que poseían Bitcoin.

Su investigación estaba colmando una laguna en Wall Street y, quizá para lamento de los peces gordos, pero para gran deleite de los inversores minoristas, su predicción se reveló una de las más atinadas que jamás realizó.

Lee supo ver lo que entonces pocos otros en Wall Street sospechaban: Bitcoin pronto se convertiría en un sustituto digital para el oro.

En ese momento, el valor total del mercado del oro rondaba los 7,5 billones de dólares, situándose como tercera mayor clase de activo después de la renta fija y la renta variable. A diferencia del resto, Lee consideraba Bitcoin más un depósito de valor que un método de pago. Según su análisis, la criptomoneda podría llegar a suponer el 5 por ciento del mercado total del oro, lo que correspondía a un precio unitario de 55.000 dólares, más de veinte veces la cotización de Bitcoin en julio de 2017.

No obstante, como también señalaba, la oferta de Bitcoin estaba disminuyendo con fuerza. De hecho, en julio de 2017, la cantidad minada había caído a la mitad respecto al año anterior, de 1,2 millones de monedas a alrededor de 700.000. En el futuro, las crecientes necesidades de energía para minar Bitcoin, combinadas con las menguantes recompensas por bloque, seguirán menoscabando el suministro. En cualquier caso, la cantidad total de unidades de Bitcoin que podrán minarse está limitada a 21 millones. En cambio, pese a que el 98 por ciento de todo el oro extraído hasta la fecha sigue en circulación, la oferta de este metal está aumentando a un ritmo del 1,5 por ciento. Además, el oro es un material extraterrestre: hay grandes reservas zumbando por el universo en forma de cometas y asteroides. Por tanto, mientras que existe una escasez planificada de Bitcoin, la oferta de oro no es en realidad más que una función del ahínco con el que excavan los mineros.

En realidad, lo que Lee había descubierto era una diferencia generacional en las preferencias de los inversores.

—A los inversores más mayores les gusta el oro —apuntaría más tarde—. La mayor apreciación de este activo ocurrió cuando el dólar abandonó el patrón oro. Por ello, la generación que abrazó el oro correspondía en esencia a los hijos de la Gran Depresión, quienes sufrieron las penurias financieras en sus propias carnes. Si tenías en torno a cincuenta años en los setenta, eras hijo de la Gran Depresión. Sin embargo, dejando a un lado la joyería, el oro es mucho menos popular entre los jóvenes, quienes consideran Bitcoin una opción mucho más sólida.

Lee acierta de pleno. El oro era el refugio de mis padres frente a la inflación. Surgió en los años setenta y ochenta, después de que Nixon hiciera que Estados Unidos abandonara el patrón oro y la inflación se disparase. Pero desde entonces la mejor protección frente a la devaluación ha sido el mercado bursátil. El oro es el Wall Street del pasado y es muy poco práctico a todos los efectos. ¿De verdad vas a ir al supermercado a limar una porción de tu lingote? Como medio de transacción, no resulta nada eficaz. Puedes llevar un millón de dólares en Bitcoin en la palma de tu mano y enviarlos a cualquier rincón del mundo en un instante; intenta enviar un millón de dólares en lingotes de oro a cualquier lugar. Los usos industriales de este metal, que le otorgarían un cierto valor intrínseco, son en el mejor de los casos limitados. Además, el oro puede ser dañado o adulterado.

—Si lo piensas, en realidad es una opción bastante irracional —concluyó Lee.

No obstante, existe un problema incluso mayor. Los libertarios más ancianos se refugian en el oro para protegerse frente al fin del mundo, a un colapso de envergadura social, y en cierta medida muchos inversores compran Bitcoin por idénticos motivos. Con el tiempo, he aprendido que el mundo nunca acaba: el sol siempre sale y siempre se pone. Aun así, en el caso inaudito de que una sociedad colapse, ¿preferirías deambular con una bolsa de lingotes de oro, o con un depósito de valor plenamente trazable en tu teléfono? Para una generación que creció utilizando ordenadores, no hay ninguna duda.

¿No es increíble? Un metal codiciado durante 6.000 años por sociedades de todo el mundo es menos práctico y quizá se vuelva menos valioso que una sustancia virtual que apenas lleva en existencia quince años. Si te paras a pensarlo, es alucinante.

Para quienes llevan un seguimiento en casa, Bitcoin alcanzó los 55.000 dólares a principios de 2021, un año antes del pronóstico original de Lee. Los clientes que lo abandonaron probablemente sigan tirándose de los pelos. El futuro no es para pusilánimes.

Sin embargo, éste no era más que el preludio de lo que estaba por venir. Wall Street tomaba nota y, aunque Bitcoin existía al margen de los sistemas financieros tradicionales, y hasta cierto punto su valor derivaba de ello, sólo era cuestión de tiempo que se subiera a la ola.

13

De mantequilla a Bitcoin

—Terry, ¿qué vas a hacer con Bitcoin? —le preguntó John Willian, el veterano de Goldman Sachs que dirigía su reputado Departamento de Renta Fija.

Lo acompañaba el presidente de Goldman Sachs, Gary Cohn, y la persona a la que interpelaba era el único e inigualable Terry Duffy, CEO de la Bolsa Mercantil de Chicago (CME, *Chicago Mercantile Exchange*), la más grande del mundo. Desde sus inicios como Junta de Mantequilla y Huevos de Chicago en 1898, la CME siempre ha estado a la vanguardia de la industria de servicios financieros. Los agricultores llevaban a Chicago sus cosechas para venderlas a los distribuidores, quienes a su vez las exportaban por todo el mundo. El mercado de futuros aportó una manera más eficiente de gestionar los costes: el granjero recibiría efectivo a cambio de entregar una determinada cantidad de trigo, huevos u otra mercancía en una fecha futura (de ahí el nombre de «futuros»). Dicho de otro modo: el mercado de futuros proporcionó una herramienta para mitigar y gestionar los riesgos tanto para el comprador como para el vendedor.

Doscientos años más tarde, la CME sigue ofreciendo el mismo servicio, salvo que ahora la gama de productos es mucho más amplia. Puedes comprar futuros de casi cualquier cosa: petróleo, oro, S&P 500, Nasdaq 100, tipos de interés y dólares. Si un producto financiero existe, lo más probable es que tenga asociado un producto de futuros que se cotice en la CME, que sigue teniendo sede en Chicago y, desde 2002, está dirigida por Terry Duffy. Aunque ocupa el puesto más elevado en el escalafón corporativo de Estados Unidos, este último nunca ha olvidado sus raíces de clase media del Southwest Side de Chicago, un barrio de polis y bomberos. Durante sus veranos universitarios, trabajaba en el bar de Chuck, en Lake Geneva, Wisconsin, donde preparaba combinados para los visitantes. En 1980, uno de ellos le ofreció un trabajo como corredor de Bolsa. No hubo marcha atrás. A lo largo de una carrera de cuarenta años, vio cómo se negociaba con todo tipo de mercados y productos. Todo excepto esto.

—¿Qué moneda [*coin*]? —contestó.

—*Bit*coin, Terry —repitió con lentitud Willian, haciendo hincapié en la primera sílaba—. Es de lo que habla todo el mundo.

Duffy lanzó una mirada a Gary Cohn, quien estaba recostado contra su escritorio con una amplia sonrisa cómplice, con la esperanza de que lo incluyera en la broma.

—No tengo ni pajolera idea de lo que estás hablando.

Nunca he oído hablar de *Bit*coin —replicó Duffy, remarcando asimismo la primera sílaba.

La sala estalló en carcajadas.

—Todo cuanto sé es que los clientes no dejan de hablar sobre ello —dijo Cohn, desatando más risas—. Es esa loca moneda virtual. Dicen que podría cambiar el mundo —añadió antes de esgrimir su característica sonrisa.

Corría el año 2013, y Duffy se encontraba en la sede de Goldman Sachs, en el sur de Manhattan, en una visita rutinaria para reunirse con clientes. Conocía a Willian desde hacía años y siempre le encantaba poder conversar con Cohn cuando pasaba por la ciudad. Discutieron sobre otros asuntos de negocios y luego Duffy se marchó. No obstante, esa noche no podía parar de pensar en su conversación con Willian y Cohn acerca de esa nueva moneda digital. Le intrigaba que dos de los miembros más veteranos de Goldman Sachs estuvieran tan fascinados con ese *Bit*coin.

Comenzó por realizar algunas pesquisas online para saber más sobre este activo concreto y sobre la historia general de las monedas digitales, pero no averiguó gran cosa. Aun así, como antiguo operador y corredor de Bolsa, el gráfico se le quedó grabado en la retina. Esta divisa virtual, este «Bitcoin», sólo había ido en una dirección desde que comenzó a cotizarse: hacia arriba. Había pasado de un dólar en 2011 a 100 dólares en 2013. En realidad, no sabía qué pensar al respecto, más allá de que parecía un excelente vehículo para la especulación, pero su operador interior sospechaba que había algo más.

Esa intuición se vio confirmada dos semanas más tarde en su Conferencia de Liderazgo Financiero Global, que la CME organiza cada año. Los analistas de la industria la apodan el «Davos de los Derivados», que congrega a líderes del pensamiento de los negocios, la política y la cultura. Pero ese año fue distinto. La gente no hablaba de otra cosa que del increíble auge de Bitcoin. En el espacio de cuatro días, se disparó de poco más de 200 dólares a casi 1.000. Dobló su valor en un solo día. En ciertos aspectos, era como un precursor de GameStop o AMC durante la locura de las «acciones meme». Pero era 2013, y Duffy, que a esas alturas había visto casi de todo, nunca había presenciado nada parecido.

Abordó a algunos asistentes que sabía que habían experimentado con la moneda digital.

—¿De qué va esta cosa? —le preguntó a uno de ellos—. Estaba valorado en diez pavos hace apenas un par de meses. ¡Ya vale mil!

Al fin Bitcoin había captado la atención de Duffy.

En realidad, no conseguía imaginar un posible uso para ese nuevo invento. Obviamente, resultaba demasiado volátil para ser un sistema de pago viable. Pero no cabía duda de que estaba despertando el interés de muchas personas, entre ellas algunos de sus clientes.

Cuando Duffy quería informarse sobre una nueva tecnología o un producto bursátil, llamaba a uno de sus conocidos más antiguos del parqué, Billy DiSomma. Era el fundador de Jump Trading, una de las primeras empresas especializadas en operaciones de alta frecuencia, que llegó a convertirse en un mayorista dominante. Sabía más sobre dos cosas que casi cualquier otra persona en el planeta: operaciones bursátiles y tecnología.

—Es el futuro —le dijo por teléfono. DiSomma había sido uno de los primeros inversores en Bitcoin que Duffy conocía, y llevaba años operando con esa criptomoneda y aprendiendo sobre ella—. Puede ser que la estructura del mercado permanezca inalterada durante los próximos cien años —apuntó—. Pero tiendo a dudarlo, y sospecho que Bitcoin estará en el centro de aquello en lo que se convierta.

Allí estaba, directamente desde una de las mentes en las que más confiaba Duffy. Cualquiera que fuera el porvenir de Bitcoin, ocuparía un lugar central en la innovación. Si algo nos ha enseñado la historia es que darle la espalda al futuro, en particular a uno esotérico y temible, es una receta para la ruina.

Duffy miró por la ventana de su oficina y contempló la vieja Sears Tower, la antigua sede de Sears, Roebuck & Co. Hubo un tiempo en que aquella empresa era el mayor minorista del mundo, con casi 350.000 empleados, el Amazon de su época. La compañía comenzó vendiendo un único producto (relojes de pulsera) a través de un catálogo por correo, el equivalente de su tiempo a internet. Más adelante se expandió a otras categorías, permitiendo a la gente acceder a productos que antes no estaban a su alcance. Sears siguió creciendo e innovando, anteponiendo las necesidades de los clientes a cualquier otra consideración y ofreciéndoles cuanto se les antojara, ya fuera por medio de un catálogo o en una de sus muchas flamantes tiendas. Incluso adquirió Dean Whitter Reynolds en 1981, en un infructuoso intento por atender las necesidades financieras de sus clientes. Sus rivales se referían con desdén a ella como «Stocks & Socks» ['Acciones y calcetines'].

Sears terminó por aumentar tanto su tamaño que decidió que necesitaba una nueva sede corporativa en el centro de Chicago. Cuando se completó en 1973, la Sears Tower se alzaba 110 plantas y 440 metros, lo que la convertía en el edificio más alto del mundo, un récord que ostentó durante veinticinco años. Pero, como muchas compañías dominantes, Sears comenzó a dormirse en los laureles, y pronto la competencia remontó: primero Walmart, que la superó en capitalización de mercado en 1991, y luego Amazon, que terminó por arrollarla. En 2018, se declaró en quiebra. Ahora, su antigua sede representa tanto un monumento a la innovación como una advertencia para quienes la ignoran. En 2009, su venerada torre fue rebautizada como Willis Tower.

¿Eran las criptomonedas la salvación del mundo? Seguramente no, pensaba Duffy, pero tenían embelesadas a muchas personas muy competentes, incluido él mismo. Cayó en la cuenta de que, si esta nueva clase de activo dispusiera de un mercado central más creíble, más participantes se lanzarían a utilizarla.

Con el tiempo, el interés no haría sino aumentar, como demostraba el número creciente de clientes que preguntaban por Bitcoin. Aunque presentaba un gran volumen de negociación en plataformas de intercambio criptonativas como Coinbase, Bitcoin todavía no había encontrado encaje en una Bolsa tradicional establecida. Los clientes, que incluían corredores de futuros y fondos de cobertura, estaban buscando con creciente ahínco un medio para expresar una opinión sobre Bitcoin en un foro financiero más regulado y tradicional, y la Bolsa de Opciones de Chicago

(CBOE, *Chicago Board Options Exchange*) y la CME estaban empezando a explorar la posibilidad de añadir ese producto. Pero, para Duffy, ofrecer un derivado de Bitcoin significaba más que atender las necesidades de los clientes y adelantarse a la competencia.

En realidad, no importaba que fuera oro o un sistema de pago: Bitcoin representaba el progreso y la innovación financiera, dos principios que habían llevado a la CME al éxito durante más de un siglo. La Junta de Mantequilla y Huevos de Chicago dirigía un negocio boyante con dos de los productos agrícolas más populares de su época. No hay duda de que sus fundadores podrían haber seguido así hasta jubilarse. Sin embargo, no lo hicieron: se aventuraron en otros segmentos que quedaban fuera de su ámbito de experiencia. Hoy, en la CME, cada día se negocian productos por valor de billones de dólares.

Por supuesto, entrar en este nuevo mercado no estaba exento de riesgos. Por cada cliente que quería futuros de Bitcoin, había otro igual de pudiente que se oponía a ellos, y poner el producto a disposición del público general podría forzar a algunos corredores a ofrecer algo que no querían por miedo a perder frente a un rival.

Y luego estaban los *haters*.

—Terry, no puedes ofrecer ese producto, ¡es una locura! —gritó un influyente asesor.

En términos reputacionales había mucho en juego, y si no salía bien, la CME sufriría un duro revés. No obstante, Duffy sentía el inexorable viento del progreso: si no cambias, te quedarás fuera.

Convocó a su equipo a su despacho.

Estaba pletórico, no podía sentarse.

—¡Ha llegado el día! —proclamó.

Se produjo una breve y tensa pausa antes de que tomara la palabra uno de sus asistentes.

—¿El día de qué?

—Bitcoin. Llama a la Comisión de Comercio de Futuros de Materias Primas y diles que vamos a incluir ese producto —dijo Duffy—. Mira, creo mucho en anticipar al mercado. He visto a mucha gente ganar mucho dinero estando equivocados, y también perder mucho dinero teniendo razón. Todo depende del momento. Y he echado un vistazo a Bitcoin. El precio no me importa, pero sí el momento, y el momento indicado es ahora mismo.

Existía una multitud de retos técnicos, y la CME adoptaría medidas extraordinarias para cerciorarse de que el producto funcionase de forma adecuada y segura. Su requisito de margen sería tres veces el de un contrato estándar del S&P 500; de hecho, sería el más estricto que nunca habían aplicado. De lo que no cabía duda era de que esa opción iba a ser segura. Trabajaron con denuedo con su regulador, la CFTC, para asegurarse de que se habían llevado a cabo todas las verificaciones oportunas. La única manera realmente efectiva de popularizar un nuevo producto financiero pasaba por colaborar de forma estrecha para crear un marco regulador sólido y fiable. Antes del lanzamiento, la CME pensaba tomar todas las precauciones necesarias para velar por que sus clientes se sintieran cómodos con ese producto. Y antes de ofrecérselo al público necesitaban sentirse a gusto ellos mismos.

El 17 de diciembre de 2017, un domingo de un invierno

inusualmente cálido en Chicago, Terry atravesó la puerta principal de la CME. Los lanzamientos de nuevos productos no suelen ser gran cosa, pero este caso sería distinto. Todas las miradas estarían puestas en ellos, y todo tenía que salir a la perfección. Después de años de ingeniería financiera y un arduo trabajo, que implicó a clientes, reguladores y especialistas en finanzas, estaba todo listo. A las 17.00 (hora central), se publicó el producto, con su correspondiente precio. Tras abrir a 20.000 dólares, el contrato fluctuó ligeramente en consonancia con su *alter ego* financiero: el bitcoin al contado.

Bitcoin se había incorporado oficialmente al ecosistema financiero. En adelante, los inversores financieros tradicionales contarían con un lugar y un producto para manifestar su opinión sobre esta nueva y fascinante clase de activo, en una de las Bolsas más antiguas y respetadas del mundo. Desde su despacho, Duffy observaba la cotización en su pantalla y una palabra le venía una y otra vez a la mente: *progreso*. La CME había pasado de vender huevos a trigo, luego a índices de divisas, más tarde a índices de acciones y bonos, y ahora a algo que ni tan siquiera existía en una forma física: criptomonedas. Hoy en día Duffy sigue vigilando Bitcoin.

Lo consulta varias veces al día.

14

Mr. Wonderful[17] cambia de parecer

Una suave y agradable brisa soplaba desde el amplio lago Lemán. Al fondo resplandecían los Alpes nevados. El sol de finales de otoño relucía sobre las aguas color cobalto. Era el paraíso en la tierra.

Kevin O'Leary levantó una copa de Le Montrachet Grand Cru, se la llevó un momento a la nariz, y saboreó un buen trago. No era tan bueno como el O'Leary Fine Wine Chardonnay que él mismo elaboraba, pero se aproximaba tanto a la suma perfección como uno podría esperar.

Nada podía arruinar ese momento.

—Entonces, Kevin —preguntó el caballero sentado fren-

17. Apodo de Kevin O'Leary, personalidad destacada del mundo de las finanzas que colabora con regularidad en varios programas televisivos, entre ellos *Shark Tank*. (*N. del t.*)

te a él con un marcado acento alemán—. ¿Qué opinas de Bitcoin?

Salvo eso.

Los espléndidos colores de las montañas se desvayeron. El tenue rumor del tráfico de la siempre bulliciosa Grand Rue se tornó de pronto en estruendo. La sonrisa que millones de seguidores de *Shark Tank* habían terminado por adorar se transfiguró poco a poco en una mueca de desencanto. Todo se había echado a perder.

—¿De qué hablas? —replicó O'Leary.

—Muchos de mis clientes están preguntando por Bitcoin —contestó su interlocutor—. Creen que es un tipo de activo magnífico.

—¿Tipo de activo? —O'Leary soltó una carcajada—. Son unos tipos programando online, es poco más que un videojuego.

Era a finales de 2015, y O'Leary estaba comiendo junto al lago Lemán con uno de los clientes suizos de su fondo de cobertura. Almorzar en semejante paraje es siempre todo un acontecimiento, que incluye un aperitivo, un plato principal y un excelente vino, a menudo en uno de los muchos hoteles de cinco estrellas que jalonan la carretera de Montreux. Como presidente de O'Shares, un proveedor líder de fondos cotizados en Bolsa (ETF), O'Leary viajaba sin cesar por todo el mundo para reunirse con sus inversores, que andaban siempre al acecho de nuevas y emocionantes oportunidades tecnológicas. Podía pasarse horas glosando las virtudes de Facebook (ahora Meta) o Amazon. Era un creyente en las tecnologías nuevas y disruptivas, en las que invertía de forma directa o a través de sus ETF.

Además, es un ávido coleccionista de Rolex, por lo que entiende cómo funcionan los depósitos de valor. Sin embargo, por algún motivo, en ese momento era incapaz de conjugar esos dos ámbitos de conocimiento para constatar que Bitcoin los combinaba.

Así las cosas, se decantó por el lado de los *haters*.

—No es más que burda especulación. ¿Dónde está el valor intrínseco? ¿Van a recortar a la mitad el número de nuevas monedas? ¿Es ésa una razón para comprarlo? Me suena a estafa. Ni te acerques —aconsejó O'Leary a su compañero de mesa, aprovechando su talento televisivo para transmitir todo el entusiasmo dramático posible.

Su postura en contra de las criptomonedas iba mucho más allá de ese almuerzo. En sus frecuentes ponencias y apariciones televisivas, O'Leary no perdía ocasión de llamar a Bitcoin «criptobasura». En parte, su opinión negativa se basaba en la posición antagónica de los reguladores, con los que había tenido experiencia de primera mano. No obstante, aunque no era partidario de comprar ni vender criptomonedas particulares, creía en la tecnología de cadena de bloques subyacente y en la tokenización de activos físicos. En marzo de 2018, salió en la CNBC para anunciar que estaba trabajando en un acuerdo de 400 millones de dólares para permitir a un hotel «muy prestigioso» de Nueva York vender titularidad a través de una oferta de venta de criptomonedas, en lugar de una tradicional oferta pública de venta.

—En lugar de una acción, una participación, se trata de una criptomoneda —dijo O'Leary, sin revelar el nombre del hotel. Su oferta de venta de criptomonedas cumpliría los requisitos estándar de cotización en Estados Unidos—. La clave es asegurarse de ir a ver al regulador y decirle: «Quiero trabajar contigo».

Al parecer, los reguladores no recibieron el mensaje. Después de abandonar el plató, a O'Leary le esperaba un vuelo de vuelta a Miami. Su teléfono estalló con muestras de interés. Al día siguiente, recibió una llamada de la Comisión de Bolsa y Valores de Estados Unidos (SEC). Querían saber acerca de su implicación en el hotel.

—¿Qué está pasando? —Al teléfono con su abogado, trató de comprender cuál era la situación—. No he vendido nada a nadie. Hemos estado en contacto con los reguladores.

—Gensler pretende enviar un mensaje al mercado —explicó su representante—. Detesta las criptomonedas y quiere dar un escarmiento ejemplar contigo. Odian el espacio cripto.

No está claro por qué el presidente de la SEC Gary Gensler tiene una postura tan hostil hacia las criptomonedas. Algunos sospechan que se retrotrae a cuando la senadora Elizabeth Warren le ofreció su apoyo. Esta última lleva mucho tiempo mostrándose desconfiada con el sistema financiero, y la enfurecen los aspectos no regulados de las criptomonedas. Aun así, muchos inversores en criptoactivos habían puesto grandes esperanzas en Gensler. Enseñaba esa materia en el MIT y, como antiguo socio de Goldman Sachs, muchos pensaban que abrazaría abiertamente Bitcoin como una nueva clase de activo. Pero, por desgracia, no ha sido precisamente el heraldo de las criptomonedas que se esperaban.

O'Leary no tardó en despachar el asunto con la SEC. Sin embargo, el mensaje estaba claro: no experimentes con criptomonedas si no quieres sentir el aliento de la agencia en la nuca.

Por tanto, sabía de lo que hablaba cuando advirtió a su cliente alemán:

—No juegues con eso: es radiactivo, los reguladores están decididos a aplastarlo.

Más adelante, su postura no cambió demasiado. La cadena de bloques era una tecnología apasionante, y sin duda valía la pena explorarla e invertir en ella, pero las criptomonedas en sí mismas respondían a una pulsión de muerte financiera, pues se estaba especulando demasiado con ellas y no cabía duda de que atraerían la clase de atención inconveniente.

Pero entonces ocurrió algo. El 12 de febrero de 2021, la Comisión de Valores de Ontario, el ente regulador de renta variable más importante de Canadá, aprobó el lanzamiento del primer fondo de criptomonedas cotizado en Bolsa. El Purpose Bitcoin ETF, patrocinado por Purpose Investment Inc., iba a ser el primer ETF que invertiría directamente en Bitcoin al contado, en lugar de un producto de futuros u otro tipo de derivado. Hasta ese momento, el público sólo había podido adquirir contratos de futuros de Bitcoin en la Bolsa Mercantil de Chicago (CME). Los inversores también podían comprar fondos de inversión cerrados, pero no un ETF que contenía Bitcoin «físicamente establecido», una curiosa elección de palabras si tenemos en cuenta que Bitcoin es por definición virtual.

—Para mí fue un punto de inflexión —aseguraría más tarde O'Leary.

En 2021, una serie de gestores de activos con sede en Estados Unidos estaban tratando de introducir en el mercado un ETF de Bitcoin al contado. Pero la SEC, sobre todo bajo la dirección de Gensler, había adoptado una política de tierra quemada para cualquier cosa relacionada con las criptomonedas. Una semana después de su aprobación, el primer ETF de Bitcoin al contado de Norteamérica salió a Bolsa: se abrieron las esclusas y los inversores negociaron un volumen superior a 165 millones de dólares, superando con creces hasta las estimaciones más optimistas.

Pronto comenzaron las consultas de los clientes alemanes.

—¿Qué está pasando, O'Leary? ¿Has visto esto?

—Haré algunas llamadas —contestó, y marcó el número de las diversas Bolsas canadienses.

El debut fue un éxito sin paliativos. El error de seguimiento entre los precios de Bitcoin al contado y del ETF de Bitcoin fue mínimo o nulo. Era tan fluido como los ETF indexados al oro o la plata, pese a que su volatilidad era mucho mayor.

Se había abierto un nuevo mundo.

Los ETF llevaban muchos años existiendo. El SPY y el QQQ, que siguen respectivamente al S&P 500 y al Nasdaq 100, son desde hace tiempo pilares de los mercados de Estados Unidos. Sin embargo, en la última década, su popularidad se ha disparado y se han vuelto más especializados, permitiendo a los inversores adecuar o personalizar su exposición a determinados índices o sectores. Los ETF brindan acceso al petróleo, a una cesta de materias primas blandas o a sectores o industrias concretos. Incluso te permiten poseer todo un índice salvo un sector particular. Existen ETF de acciones de bancos, tecnológicas, líneas aéreas y ciberseguridad, el S&P 500 salvo el petróleo, Europa, Japón, China, acciones tecnológicas chinas, Francia, México... Hasta las siete magníficas —Apple, Amazon, Alphabet, Microsoft, Nvidia, Tesla y Meta— poseen su propio ETF. Entiendes a qué me refiero: si tienes una tesis de inversión, es muy probable que exista un ETF que puedas comprar (o vender en corto) para implementarla. A diciembre de 2023, Estados Unidos por sí solo cuenta con 3.000 distintos ETF, que en total contienen más de 8 billones de dólares en activos. No obstante, hasta el 10 de enero de 2024, ninguno de ellos ofrecía exposición a Bitcoin al contado, pese a que su valor ascendiera ya a un billón de dólares.

O'Leary se preguntaba por qué. Instituciones de todo el planeta estaban maniobrando para obtener exposición a este diminuto ETF canadiense, que había sido aprobado por el principal regulador de Canadá y cotizaba en la Bolsa de Toronto, pero no existía ninguna alternativa en Estados Unidos, el mercado más líquido y dinámico del mundo.

—Mooch, no tiene ningún sentido —me comentó O'Leary durante una cena en Dubái—. ¿Puedes poseer un *proxy* directo de Bitcoin en un *wrapper* de ETF en Canadá, pero no en Estados Unidos? Todo el mundo sabe que la Comisión de Valores de Ontario y la Comisión de Bolsa y Valores de Estados Unidos están en constante comunicación. Sólo es cuestión de tiempo que la SEC siga sus pasos y apruebe un ETF establecido en Estados Unidos.

O'Leary y yo nos conocemos desde hace años, a través de la televisión, amistades en común y el circuito de conferencias. Aunque en distintos momentos, ambos hemos emprendido viajes similares hacia las criptomonedas, de un inicial escepticismo a una ferviente convicción. Mi trayectoria partió desde un punto distinto: yo era más indiferente y escéptico, mientras que O'Leary era un *hater* de pleno derecho. Sin embargo, fuimos a parar más o menos a la misma posición.

—Me equivoqué, y de nada sirve llorar por la leche derramada —afirmaría O'Leary más tarde—. Hay que mirar al futuro. Supongo que la mejor manera de ver todo esto es: creo en lo que hacen los demás. Millones de personas desconfían de que sus gobiernos gestionen sus sistemas fiduciarios. Hay gente en lugares como Venezuela, Cuba y otros países que no confía en su gobierno. No quieren sus billetes. Bitcoin aporta una solución. A medida que se asienta la tecnología, no dejará de crecer. ¿Quién soy yo para decirles a todas esas personas que se equivocan?

El argumento de O'Leary era sencillo: quizá haya sabiduría en las multitudes. Resulta claro que en las masas hay locura, como ha quedado demostrado en tantas ocasiones a lo largo de la historia, pero también hay sabiduría: el rebaño no siempre se equivoca, sobre todo cuando no comienza como un rebaño. En el caso de Bitcoin en 2019, sin duda había una multitud que lo secundaba, pero como resultado de un movimiento que llevaba una década gestándose y que seguiría creciendo. El activo ha pasado de un penique por moneda, en un intercambio entre Hal Finney y Satoshi, a 70.000 dólares por moneda, fruto de la negociación entre 300 millones de personas.

¿Qué es más probable: que esos 300 millones de personas, incluidas algunas de las mentes más brillantes de las finanzas, estén todas equivocadas y nos hallemos ante una burbuja de los tulipanes, o que lo estén quienes se aferran a nociones financieras obsoletas? Me inclino por lo segundo.

—Estoy cambiando porque el mundo ha cambiado, y mi trabajo es comprender qué deparará el futuro, y eso será Bitcoin —declaró O'Leary, antes de esgrimir su característica sonrisa.

A los de mi quinta nos cuesta más comprender los conceptos digitales. Como hijo de una familia de clase media de Long Island que se crio con una cuenta corriente y que disponía de una libreta para registrar los ingresos y gastos, mi concepto del dinero es distinto, es físico. Sin embargo, para una generación de chavales que han crecido entre ordenadores y se sienten más cómodos trabajando en el espacio virtual que en el físico, los activos digitales no son algo demasiado ajeno. De hecho, son una evolución natural: para ellos, no son más que una extensión del iPhone, o de su vida virtual, mientras que las monedas físicas son como los videocasetes, una antigualla pintoresca, incluso un objeto de colección, pero no algo práctico.

O'Leary ya vislumbraba el futuro.

—¡Cartas intercambiables, coleccionables, relojes! —exclamó durante la cena—. Todas esas cosas deberán indexarse como las acciones, y la mejor tecnología para ello es la cadena de bloques, y la mejor manera de acceder a cualquier cadena de bloques es a través de monedas nativas digitales.

Se trataba de un cambio radical de postura, y admiré la apertura mental de O'Leary. Somos coetáneos, pero él no se dejaba cegar por el pasado y, lo que es más importante, era capaz de admitir que se había equivocado —algo de por sí bastante difícil— y de dar marcha atrás —algo más difícil si cabe—. Más tarde adoptaría una posición mucho más agresiva respecto a Bitcoin, en la que no sólo compraría la moneda subyacente, sino que también apostaría a lo grande por varias plataformas de intercambio de criptomonedas, en particular en Canadá y Oriente Próximo.

La adopción continuada de Bitcoin y de la cadena de bloques brindó un firme impulso a la industria, pero para O'Leary y otros el verdadero premio residía en el potencial de un ETF de Bitcoin al contado.

—Sólo es cuestión de tiempo que la Comisión de Bolsa y Valores de Estados Unidos apruebe un ETF de Bitcoin —concluyó.

15

Llegan los ETF

El 11 de julio, Michael Sonnenshein recorría el célebre parqué de la Bolsa de Nueva York. Los carteles de su compañía estaban por todas partes. Parecía una gran oferta pública de venta, y, en efecto, en muchos aspectos eso es lo que era. A pesar de no haber dormido en veinticuatro horas, no se sentía cansado. Menos de doce horas antes, la Comisión de Bolsa y Valores de Estados Unidos había concedido su aprobación para un fondo cotizado en Bolsa (ETF) de Bitcoin al contado. Para Sonnenshein, una persona vitalista y siempre entusiasta, esta noticia marcaba el culmen de una trayectoria de diez años.

Grayscale era el brazo de gestión de activos del Digital Currency Group de Barry Silbert, el conglomerado cripto que también poseía *CoinDesk* y Genesis Trading, entre otras empresas, y entre cuyos inversores se contaba Softbank. En un momento, llegó a valorarse en 10.000 millones de dólares. Sonnenshein se convirtió en su CEO en 2021, pero había sido el rostro de la empresa desde que se incorporó en 2013, cuando Silbert lo contrató para ayudar a recaudar activos. Por aquel entonces, la compañía estaba valorada en 60 millones de dólares. En esos primeros días, los inversores no tardaban en despacharlo. A menudo las reuniones se cancelaban en el último minuto o se daban por finalizadas mucho antes de la hora programada. Aun así, Sonnenshein perseveró, interviniendo con asiduidad en los medios financieros y ofreciendo innumerables conferencias (también para nosotros), empeñado en cambiar la visión de los clientes sobre esa clase de activo emergente.

El mayor éxito de Grayscale fue el Grayscale Bitcoin Investment Trust, que se cotizaba en el mercado extrabursátil bajo el símbolo GBTC. Fue el primer producto de inversión importante que permitió al público acceder a las criptomonedas sin tener que comprar los activos subyacentes, en este caso Bitcoin. Gozaba de una tremenda popularidad entre los inversores reticentes a los criptoactivos, ya que les otorgaba exposición a Bitcoin sin tener que abrir una cuenta en una plataforma de intercambio de criptomonedas y comprarlo directamente. El producto también les permitía introducir una cierta exposición a Bitcoin en sus cuentas de jubilación IRA. Además, era una buena opción para los grandes gestores de activos que buscaban exponerse a Bitcoin. En poco tiempo se convirtió en una de las vías más populares mediante las que inversores recelosos se aventuraban en el espacio cripto. Sus activos se inflaron hasta rozar los 30.000 millones de dólares. Se incluía en ETF, fondos de pensiones, dotaciones, fundaciones y fondos de cobertura. Si querías comprar Bitcoin sin pasar por todo el engorro de poseer una cartera de criptomonedas, el GBTC era tu única opción real. Pero tenía una pega: no era un ETF, sino un fondo fiduciario, y, por tanto, no era el vehículo idóneo para mantener Bitcoin.

Los ETF permiten a los inversores exponerse a una clase de activo, índice o incluso estrategia de inversión específicos. Se cotizan en el mercado de valores como si fueran acciones. Sin embargo, para asegurarse de que el valor del ETF, o el valor neto de sus activos, se corresponde con el activo subyacente, los emisores se implican en un proceso llamado *creación y reembolso*, que impide los desfases y mantiene el valor unitario del ETF vinculado al del activo que sigue. Por ejemplo, si un ETF de oro comenzara a cotizarse con una prima respecto al oro, el emisor trabajaría con sus creadores de mercado y proveedores de liquidez para crear más acciones, con vistas a cerciorarse de que el precio del ETF se corresponde con el del activo que replica. No obstante, dado que el GBTC no era un ETF, carecía de la capacidad para implementar este proceso, y el resultado fue un comportamiento que recordaba más a un fondo mutuo cerrado: a ratos cotizaba con una amplia prima respecto al valor neto de los activos, y a ratos con un descuento. El GBTC dependía de los precios de Bitcoin, pero también estaba bajo el influjo de fuerzas externas del mercado y, en consecuencia, había momentos en que no se correspondía con Bitcoin. Aun así, era la manera más popular de conseguir exposición a esta clase de activo a través de una inversión similar a la renta variable.

Grayscale creó el fondo en 2013, con la esperanza de poder transformarlo algún día en un ETF.

Pero la SEC tenía otros planes en mente.

En 2017, Cameron y Tyler Winklevoss la presionaron para que convirtiese su Winklevoss Bitcoin Trust en un ETF. La SEC denegó de inmediato su solicitud, basándose, entre otras cosas, en la naturaleza del propio Bitcoin y de las plataformas de intercambio de criptomonedas en las que éste se negociaba. Aducía que estas últimas carecían de los controles necesarios para impedir la manipulación del mercado. Un año después, rechazó una segunda solicitud.

Grayscale era inteligente: jugaba a largo plazo. Había solicitado convertir el GBTC de una colocación privada a un ETF, pero después de la negativa a los gemelos Winklevoss retiró su solicitud. A partir de 2018, comenzaron a colaborar con discreción con la SEC con vistas a circunscribir el GBTC dentro del perímetro establecido por la regulación. Propusieron hacer del fondo una entidad responsable ante la SEC, propuesta que en un primer momento esta última rechazó, para luego retractarse y aceptar. En 2020, Grayscale adquirió ese estatus oficial, que conllevaba presentar una serie de modelos, incluidos el 10-Q, el 10-K, etcétera. La medida se tomó para tranquilizar todavía más a los inversores reticentes a los criptoactivos sobre su producto y llegar así a un público más amplio. Además, se trataba de un gesto de buena fe por parte de Grayscale con el que pretendía demostrar un espíritu colaborativo a su regulador.

En octubre de 2021, después de rechazar una serie de ETF de Bitcoin al contado, la SEC terminó por aprobar un

ETF de futuros de Bitcoin, patrocinado por ProShares y cotizado en la Bolsa de Nueva York. Se trataba de un gran paso en la dirección correcta hacia un ETF de Bitcoin al contado. Los inversores podían ahora comprar un producto similar a la renta variable con exposición a Bitcoin que se cotizaba en una Bolsa. Sin embargo, contenía futuros, no criptomonedas reales. Invertir en futuros no es lo mismo que invertir en el activo subyacente en el mercado al contado o en efectivo. El ETF de futuros replicaba el contrato de futuros con liquidación en efectivo, no el precio en sí mismo, y aunque guardaban una relación muy estrecha, debido a dinámicas técnicas, no eran exactamente lo mismo. Algo así como Coca-Cola frente a Coca-Cola Light: saben muy parecido, pero son productos muy distintos para consumidores muy distintos.

La SEC aprobó el ETF de futuros de Bitcoin porque dicho mercado estaba supervisado por la Comisión de Comercio de Futuros de Materias Primas (CFTC), y los futuros de Bitcoin se negociaban en la Bolsa Mercantil de Chicago (CME), un mercado muy regulado. Esta pequeña pero crucial diferencia ayudaría a allanar el camino para convertir el GBTC en un ETF. Probablemente también había contribuido a ello el hecho de que el presidente de la SEC, Gary Gensler, había ejercido en el pasado como presidente de la CFTC, por lo que es posible que sintiera una cierta afinidad hacia esa institución.

Tras la aprobación del ETF de futuros de Bitcoin, Grayscale volvió a presentar ante la SEC sus planes para transformarse en un ETF, que fueron rechazados de nuevo. No obstante, esta vez la compañía no se retiraría en silencio a un rincón. La dirección de Grayscale había anticipado una serie de escenarios, incluido el rechazo, y demandó de inmediato a la agencia en junio de 2022, utilizando su propia lógica en su contra. La SEC llevaba tiempo sosteniendo que las plataformas de intercambio de Bitcoin carecían de salvaguardas para impedir la manipulación del mercado, pese a lo cual había declarado que el mercado de futuros de Bitcoin podía ser objeto de vigilancia porque estaba supervisado por la CFTC. El problema con este razonamiento radicaba en que los dos mercados presentaban una correlación del 99 por ciento y, según Grayscale, si los mecanismos de vigilancia para el ETF de futuros de Bitcoin eran satisfactorios, también deberían serlo para el ETF de Bitcoin al contado, pues en última instancia ambos dependen del precio de Bitcoin.

El 29 de agosto de 2023, el tribunal de apelación falló por tres votos a cero en favor de Grayscale. En opinión del jurado, el ETF de Bitcoin al contado propuesto era sustancialmente similar a los ETF de futuros de Bitcoin existentes y, puesto que los dos activos guardaban una correlación tan estrecha, el riesgo de manipulación era remoto. Por si acaso, tildó el rechazo de la solicitud de Grayscale por parte de la SEC de «arbitrario y caprichoso».

¡Victoria!

Comenzaba la carrera por controlar la próxima oleada de la saga de Bitcoin. La sentencia marcó el pistoletazo de salida para una avalancha de solicitudes de aprobación de ETF por parte de otros emisores: BlackRock, Fidelity, ARK Investments, Bitwise y otras compañías presentaron nuevas peticiones. Los precios de Bitcoin subieron en previsión de la aprobación y la afluencia de capital que sin duda la seguiría.

En la madrugada del 10 de enero, Sonnenshein se encontraba en su casa, justo a las afueras de Nueva York. Su teléfono empezó a sonar con furia. Un informe tras otro anunciaba que la SEC había aprobado la solicitud de Grayscale de un ETF de Bitcoin. Llamó a su equipo en la oficina. No paraban de actualizar el sitio web de la SEC, esperando que se publicara la noticia.

—¡Ahí está! —exclamó uno de sus colegas.

Arrebatos de júbilo y aplausos estallaron por el teléfono.

—¡Lo logramos! —gritó a su vez, zapateando sobre el suelo de alegría y arrojando su teléfono móvil por los aires.

El 10 de enero de 2024, la SEC aprobó el ETF de Bitcoin al contado para los inversores corrientes. Empezaría a cotizarse al día siguiente. El equipo pasó al instante a la acción, activando sus sitios web, planes de medios y redes sociales y canales de comunicación internos y con inversores, todos los elementos necesarios para el lanzamiento de un nuevo producto, que habían sido preparados de antemano en previsión.

Esa mañana, el 11 de enero, Sonnenshein llegó a la Bolsa de Nueva York tras una aparición en el programa *Squawk Box* de la CNBC.

—Fue como una experiencia extracorporal —relataría Sonnenshein a sus colegas.

Allí estaba, dentro de uno de los bastiones más inexpugnables del capitalismo en el mundo, cuna del mercado moderno, donde compañías como Ford y General Electric habían reunido el capital que necesitaban para construir Estados Unidos. El logo de Grayscale que conocía tan bien colgaba de los travesaños. Recordó aquellas reuniones con clientes que se cancelaban de improviso, la expresión condescendiente de sus interlocutores de una década antes cuando mencionaba que trabajaba en una empresa de gestión de criptoactivos, las hostiles entrevistas de periodistas que no podían o no querían asumir que Bitcoin era una realidad.

Ahora, gracias a los esfuerzos de su compañía, el ETF de Bitcoin al contado estaba a punto de salir a Bolsa, y su vehículo de inversión se cotizaría junto a algunas de las empresas más conocidas del planeta en el mercado de valores más famoso del mundo.

Años antes había recorrido el parqué junto con su equipo en busca de posibles mercados, dudando entre la Bolsa de Nueva York (NYSE), el Nasdaq o la Bolsa de Opciones de Chicago. Eran todos grandes centros, pero nada supera a la primera, con sus sonidos, su vocerío y su constante bullicio: la banda sonora del dinero.

No pudo reprimir una sonrisa al contemplar el magnífico parqué de la Bolsa de Nueva York. En ese momento no había más que un puñado de operadores de tokens, en marcado contraste con los viejos y frenéticos días en que los corredores competían por posiciones o ejecutaban operaciones con un simple guiño. Si estuvieran entonces allí, estarían gritando órdenes para un ETF que replica un producto desprovisto de forma física: aquello era el progreso.

Aunque buena parte de los operadores del parqué habían desaparecido, se acercaba una nueva estampida.

El primer día de negociación fue una vorágine. Los ETF de Bitcoin cotizados en Estados Unidos vieron cómo 4.600 millones de dólares en acciones cambiaban de manos, a medida que inversores de todo pelaje se abigarraban para conseguir un título. Once distintos ETF de Bitcoin al contado, entre ellos los de BlackRock, Fidelity, Bitwise y ARK, hicieron su debut.

BlackRock era la clave. Con casi 11 billones de dólares en activos, se trata del mayor gestor del mundo, además del líder mundial en materia de ETF. Administran dinero para todas las entidades de inversión del mundo, incluidos gobiernos, fondos de pensiones y dotaciones. Allí donde haya un gran volumen de capital que busca invertirse en el mercado, estará BlackRock: ofrecen casi cualquier clase de fondo de inversión conocido por el hombre.

Y detrás de todo ello está su fundador y CEO, un tal Lawrence D. Fink, que comenzó su carrera en lo que entonces era First Boston como uno de los primeros operadores de bonos del país. Pronto fue ascendiendo hasta dirigir el Departamento de Bonos. Pese a que es posible que su nombre no sea tan familiar como el de Warren Buffett o Jamie Dimon, es reverenciado tanto por Wall Street como por Washington, y se ha ganado un lugar en el monte Rushmore de los empresarios de Estados Unidos. Cuando habla, todo el mundo escucha, desde Wall Street con Broad Street hasta Pennsylvania Avenue.[18] Es habitual

18. Direcciones respectivas de los centros simbólicos del poder financiero, la Bolsa de Nueva York, y del poder político, la Casa Blanca en Washington, D. C. (*N. del t.*)

que primeros ministros y presidentes de todo el mundo le pidan consejo. Los participantes del mercado se aferran a cada palabra que pronuncia. El gobierno de Estados Unidos ha recurrido a la ayuda de BlackRock para gestionar la crisis cuando los mercados financieros estuvieron a punto de colapsar en 2008, y también para estabilizar los mercados de renta fija cuando la COVID arrasó con los bonos en 2020. Con todo, es probable que su reputación en Wall Street palidezca ante su abrumadora generosidad y sus esfuerzos filantrópicos.

Sin rodeos: es el padrino.

Cuando habla en televisión, en los despachos de operaciones bursátiles se hace el silencio; la gente deja su teléfono y sube el volumen del televisor.

Y a las 6.00 de la mañana del 12 de enero de 2023, Fink estaba en *Squawk Box* y tenía mucho que decir.

—Soy un creyente —declaró Fink a Andrew Ross Sorkin, huelga decir que en alusión a Bitcoin.

Era el día después del debut del ETF de Bitcoin al contado, y había sido invitado para debatir sobre las ganancias, un reciente acuerdo y, como no podía ser de otro modo, el lanzamiento de su nuevo ETF.

—Creo que es un medio alternativo para almacenar riqueza —añadió—. Creo que es una clase de activo no muy distinta de lo que durante miles de años representó el oro: una clase de activo que te protege.

Había caído la bomba, y la había soltado el rey. El CEO del mayor gestor de activos del planeta, el hombre que en la práctica inventó el mercado hipotecario moderno, que revolucionó el negocio de la gestión de activos y que era capaz de ver cosas que otros ni tan siquiera sospechaban, acababa de salir en la televisión nacional y anunciar no sólo que era un creyente de Bitcoin, sino que lo consideraba una alternativa viable al oro, un material que llevaba codiciándose miles de años.

En la era moderna, hay veces en que te ves abrumado por una algarabía de titulares e información, que no se desvanece hasta que una noticia concreta relega al resto a un segundo plano. Pero la importancia de este hecho no podía sobreestimarse, no sólo debido al papel de BlackRock a la hora de comercializar los ETF de Bitcoin al contado, sino también en vista de la larga e ilustre carrera de Fink.

Fink había seguido la misma trayectoria que muchos otros colosos de la inversión. Apenas seis años antes, hablando en el Instituto Internacional de Finanzas, había declarado:

—Todo cuanto demuestra Bitcoin es la demanda mundial que existe de blanqueo de capitales.

En el espacio de seis años, pasó de decir que Bitcoin era un «índice para el blanqueo de capitales» a llamarlo «oro digital». Por supuesto, no llegó a esa conclusión de un día para otro: fue un proceso gradual al que contribuyó en parte un tal Robert Mitchnick o, como lo conocía la gente, Robbie. Este último se enamoró de las criptomonedas durante unas prácticas de verano en Ripple, una compañía de pagos digitales, mientras estudiaba un MBA en la Universidad de Stanford. Como suele contarles a sus colegas, lo que lo introdujo en el mundo de los activos digitales y despertó su obsesión fue una experiencia fortuita. Ahora bien, pese a que creía en el poder de Bitcoin para revolucionar el sistema financiero tradicional, Mitchnick nunca pensó que lo desplazaría. Consideraba que podía existir dentro del sistema, así que centró su trabajo en cómo los servicios financieros tradicionales podían incorporar la tecnología que sustentaba Bitcoin, en particular la cadena de bloques.

Poco después, en agosto de 2018, BlackRock lo contrató para el puesto recién creado de «jefe de Activos Digitales». Cuando llegó, era un forastero en una tierra extraña. No había ningún otro empleado que se dedicara a jornada completa al espacio cripto. Al principio, su función consistía en educar a sus colegas acerca del potencial de la tecnología de cadena de bloques y de cómo podía usarla la compañía para reforzar sus capacidades operativas. Apenas se tocaba el tema de invertir directamente en Bitcoin u otras criptomonedas. Sin embargo, eso cambió en 2020, cuando el director de sistemas de información de la compañía, Rick Rieder, comenzó a realizar compras considerables en algunas de sus carteras y se hizo patente que el mayor gestor de activos del mundo estaba listo para asomarse al futuro.

Como cabía esperar, Mitchnick y Rieder encontraron en Fink una mente abierta. A diferencia de muchas personas, el director de BlackRock está dispuesto a cambiar de rumbo cuando las circunstancias así lo exigen. Es un tecnólogo dotado por naturaleza de una gran curiosidad intelectual y, por supuesto, un operador con un olfato privilegiado para el valor. Nunca permitiría que declaraciones anteriores ataran a su empresa o a sus clientes. Y ahora, cuatro años más tarde, en la televisión en directo, estaba tomando la postura más contundente hasta la fecha en apoyo a Bitcoin.

Los ojos se abrieron como platos en todo el universo cripto y más allá. Luego, todos se pusieron manos a la obra y compraron cuantos ETF de Bitcoin al contado pudieron.

La mayoría de los inversores manifestaron un interés por la oferta de BlackRock y de Fidelity. Al cabo de cuatro días, el primero de estos dos productos había recaudado más de 1.000 millones de dólares. Menos de dos meses después, acumulaba 10.000 millones de dólares en activos gestionados, una suma imponente para un período tan breve. A efectos comparativos, el ETF de otro líder de la industria, el GLD de State Street, lleva en existencia casi veinte años y gestiona 60.000 millones de dólares.

Bitcoin, que se incrementó de 27.000 dólares a inicios de octubre a 46.000 dólares el 9 de enero, se puso por las nubes. En realidad, no era más que una consecuencia lógica de la ley de la oferta y la demanda. Las entradas de los ETF eclipsaron la cantidad de bitcoins que se estaban minando. Según el prominente analista de criptomonedas Anthony Pompliano —o Pomp, como se le conoce cariñosamente—, el capital que afluyó a los ETF ascendió a diez veces la cantidad minada en un día tras el lanzamiento.

«El precio seguirá subiendo hasta que la gente deje de comprarlo», tuiteó Pomp.

Cabría comparar la aparición de Fink con las de Paul Tudor Jones y Stanley Druckenmiller dos años antes. Después de que estos dos últimos revelaran en la CNBC que estaban comprando Bitcoin, cualquier gestor de carteras podía hacer lo propio sin jugarse la carrera. Qué diablos, si es lo bastante bueno para estos tipos, debería serlo también para nosotros, se pensaba. Y así, muchos fondos de cobertura y asignadores de activos comenzaron a añadir Bitcoin a sus carteras sin miedo de que los tacharan de locos. La intervención de Fink en apoyo a Bitcoin proporcionó el mismo pretexto a los gestores de patrimonio y asesores de inversión registrados, que representan una reserva mucho mayor de capital. Si hubiera sido algún emisor de ETF criptonativo, estos últimos podrían haber tenido algunas dudas sobre si invertir. Pero lo que hace BlackRock va a misa y, por eso mismo, su ETF eliminó el riesgo reputacional de añadir criptomonedas a la cartera de un cliente. Ello implicaba destinar una cantidad potencialmente inmensa de capital a una oferta muy limitada de Bitcoin. Surgió así una nueva estructura de permiso.

El impacto a largo plazo de la introducción de ETF de Bitcoin resulta difícil de cuantificar, pero existen algunos precedentes. Cuando se introdujo en el mercado el primer ETF de oro al contado, se produjo una avalancha de miles de millones de dólares que de otro modo nunca habrían ido a parar al oro. Como cabía prever, las entradas inflaron su precio, pero hicieron algo más: atenuaron su volatilidad. Ello se debe a que, a diferencia de los fondos de cobertura, que a menudo tratan de anticipar al mercado y son rápidos a la hora de entrar y salir de posiciones, los gestores de patrimonio adoptan un enfoque más a largo plazo: invierten de manera regular y persistente y no suelen tratar de anticipar al mercado. Por consiguiente, generan una demanda constante. Si te preguntas por qué las acciones no hacen más que subir, basta mirar cómo cada vez más personas están invirtiendo en cada vez menos acciones. Con Bitcoin, la dinámica es idéntica.

Los ETF de Bitcoin al contado se acaban de estrenar. Pronto, todas las principales corredurías y grandes gestores de patrimonio ofrecerán estos productos a sus clientes, engrosando todavía más la afluencia de capital.

Será interesante ver si las retiradas masivas en el mercado de Bitcoin podrían empezar a desaparecer a medida que más liquidez y participantes se adentran en el espacio cripto. Intuyo que el precio comenzará a subir gradualmente de manera similar a como lo han hecho las acciones a lo largo de los años, según vaya aumentado el número de carteras online y afluya más dinero.

Recordé la conversación de Brett Messing con Peter Briger, uno de los pioneros de Bitcoin, durante su sesión de *paddle surf* en el Pacífico.

—Es muy sencillo —dijo Briger—. Las compras van a continuar, la oferta es limitada, y al final más instituciones lo querrán. Así que el precio seguirá subiendo.

En ocasiones hacemos que las inversiones —y, de hecho, la vida misma— sean mucho más complicadas de lo que debería ser: a veces, la respuesta está delante de tus ojos.

Echando la vista atrás, me pregunto por qué nos llevó tanto tiempo a mí y a personas mucho más lúcidas que yo apreciar Bitcoin en toda su belleza. Sospecho que tiene que ver con el origen popular de su auge. La mayoría de las tecnologías se adoptan primero entre las élites y luego se van filtrando hacia abajo hasta las masas. El Departamento de Defensa de Estados Unidos inventó una red de comunicaciones en los sesenta y, treinta años más tarde, tenemos internet, Amazon, Apple y todo lo demás. Se gestó entre los militares, se filtró a través de las corporaciones y, antes de que nos diésemos cuenta, más de mil millones de personas tienen un iPhone.

No obstante, con Bitcoin ocurrió lo contrario: comenzó con personas desafectas a su gobierno, se filtró hacia arriba a través del sistema financiero, recibió la aprobación del gobierno, y hoy contamos con once ETF de Bitcoin al contado. Esa progresión inusual podría haber inducido a muchos profesionales a no tomarse demasiado en serio esta clase de activo.

Existe una extraña ironía en el viaje de Bitcoin a través del sistema financiero. Fue concebido por informáticos, libertarios y anarquistas para crear una forma de dinero que existiera al margen de las finanzas establecidas. Sin embargo, para realizar su pleno potencial y convertirse de verdad en una forma de valor digital global, necesitaba permear e integrarse en la industria de servicios financieros. Puede que Bitcoin comenzara como una idea brillante para instaurar una red de pago entre pares, pero evolucionó para convertirse en algo de mucha mayor envergadura. Si quería crecer, era necesario que lo hiciera. Los primeros días de Bitcoin consistieron en personas que tomaban sus criptomonedas y las cargaban en sus carteras. Se trata de un concepto maravilloso y un servicio de notable utilidad, pero no hay cientos de millones de personas con los suficientes conocimientos técnicos como para expandir y sostener la red de esa manera rudimentaria: Bitcoin debía volverse más accesible para las personas menos diestras con la tecnología. De hecho, es probable que incluso esos mismos brillantes informáticos que experimentaron por primera vez con Bitcoin perdieran ingentes fortunas en carteras perdidas o mal posicionadas. Debía facilitarse la compra, y la única vía para lograrlo era implicar a Wall Street.

En pocas palabras: sólo había una manera de que Bitcoin consiguiera alcanzar el sueño de Satoshi de existir fuera del sistema financiero, y pasaba precisamente por que fuera capaz de existir dentro de él. La integración de Bitcoin dentro del marco regulador de Wall Street ha sido algo positivo, quizá lo mejor que le podría haber sucedido desde su invención. Intuyo que Satoshi era consciente de ello, y esto podría explicar por qué volvió el proceso de minado tan lento y planificado. Estirar el proceso de creación de Bitcoin en un período tan largo permitía a la clase de activo evolucionar con el tiempo, de manera paralela a como lo hizo el dinero.

Se trata de un punto crucial y algo que los críticos tal vez pasan por alto. Puede que Bitcoin comenzara como un mero sistema de pago entre pares, pero, como cualquier gran tecnología, albergaba la capacidad de crecer, expandirse y, sobre todo, evolucionar. Internet comenzó como una manera de enviar mensajes simples y en la actualidad representa el eje vertebrador de la economía mundial. Piensa en ello un segundo: una tecnología que apenas existía hace veinticinco años es hoy el centro de casi todas las actividades que realizamos, y las compañías que se erigieron sobre la promesa de internet han compartido su misma suerte. Amazon empezó como un vendedor de libros, y ahora vende de todo. Google empezó peinando las vastas extensiones de la red, y ahora es la mayor empresa de publicidad del mundo.

Al final, el verdadero premio no es redefinir un sistema financiero valorado en varios billones, sino más bien ayudar a que evolucione, y aportar así un nuevo depósito de valor de inmensa utilidad.

Al igual que el dinero evolucionó con el tiempo, desde sencillas conchas hasta los actuales medios, sospecho que el viaje de Bitcoin no ha hecho más que empezar. Nadie puede saber en qué se transformará, pero, por los motivos expuestos en este libro, estoy convencido de que será central para el sistema financiero mundial, del mismo modo en que la electricidad e internet son centrales para las economías contemporáneas.

Si algo me ha enseñado Bitcoin, es a confiar en el progreso y la tecnología: las novedades vienen y van, pero el progreso ha marcado la evolución de la humanidad.

Nos encontramos en las fases incipientes de esta historia de transformación.

16

Primeros pasos

Parafraseando a Red, un personaje de *Cadena perpetua*, si has leído hasta aquí, quizá quieras leer algo más.

Ya te he contado mi viaje y el de algunas de las mentes más prodigiosas de Wall Street. Tal vez haya llegado la hora de que emprendas el tuyo propio.

Entonces, ¿qué lugar debería ocupar Bitcoin en una cartera personal?

Cada inversor es distinto y, por supuesto, siempre deberías consultar a un asesor financiero antes de realizar cualquier operación. Dicho lo anterior, creo que Bitcoin debería desempeñar un papel esencial en *cualquier* cartera. Deberías considerar las criptomonedas como cualquier otra clase de activo: acciones, bonos, bienes raíces u oro. Una cartera sin Bitcoin no es una cartera equilibrada. No pretendo decir con ello que debería ocupar el mismo porcentaje que las acciones o bonos, pero sí ser un activo central cuya asignación, como sucede para cualquier activo, debería ajustarse cada trimestre o, como mínimo, cada año.

Opino que un buen punto de partida es entre un 2 y un 5 por ciento de tu volumen total de cartera. Si las cosas se tuercen, no te hará demasiado daño, pero si despegan, puede suponer un cambio drástico en tu vida. Imagina que en 2014 tuvieras una cartera de 100.000 dólares y asignaras 2.000 a Bitcoin. Por sí solos, esos 2.000 dólares valdrían en torno a 350.000 dólares en la actualidad, asumiendo que los hubieras mantenido todo ese tiempo. Incluso si el restante 98 por ciento de tu cartera hubiera permanecido al mismo nivel, habrías sacado una fortuna.

Ahora bien, cualquier inversor disciplinado habría vendido parte de ese Bitcoin por el camino, aunque sólo fuera para mantener su asignación en línea con sus objetivos originales, como es prudente. En mi opinión, se trata de un riesgo no muy diferente de poseer acciones, un riesgo que vale la pena correr.

Ya siento aflorar el odio, así que deja que me explique.

Meta, la matriz de Facebook, un valor fundamental en casi cualquier cartera equilibrada, pasó de 388 dólares en el otoño de 2021 a 85 en octubre de 2023. Ya se sitúa en 532 dólares, y la compañía está valorada en más de un billón de dólares. Meta es una de las acciones más poseídas en el mundo y está cubierta por cuarenta y cinco analistas de Wall Street, que en su mayoría recomiendan comprar agresivamente, con un objetivo de precio promedio superior a 500 dólares. ¿Cómo puede esa misma acción, que en teoría la comunidad de inversión debería entender bien, perder el 80 por ciento de su valor en un par de años, y luego ganar un 200 por ciento? No hablamos de una diminuta acción de biotecnologías, sino de Meta, propietaria de Facebook, Instagram y Whatsapp.

No tiene mucho intríngulis, es una lección que aprendí hace muchos años: la mayoría de la gente en Wall Street, sobre todo los ejecutivos más elegantes de las empresas más sofisticadas, suele estar equivocada.

Créeme. No quiero decir que no sean inteligentes o que no merezca la pena escucharlos. Lo son. Pero no te tomes todo cuanto dicen como la verdad revelada y, como siempre en la vida, si el consenso está muy escorado hacia un lado, es probable que te vaya mejor si te inclinas hacia el otro.

Bitcoin es volátil, pero también lo es Meta. Y Amazon, que sufrió varias caídas del 70 por ciento o más antes de consolidarse como una empresa dominante valorada en un billón de dólares. Nvidia pasó de 30 dólares a 10, y luego a 140 dólares en un espacio de dos años. ¿Deberías deshacerte de ella? Podrías argumentar: «Las acciones son demasiado volátiles. No tienen cabida en mi cartera. Necesito algo real, como materias primas o vivienda».

Me parece justo. Sin embargo, si ésta es tu posición, me gustaría recordarte lo sucedido el 20 de abril de 2020. Hacia las 12.30 (hora de la Costa Este) de ese día, a medida que las acciones se desplomaban en medio de un torrente de noticias económicas horribles relacionadas con la COVID, ocurrió lo impensable. El precio de un barril de West Texas Intermediate (WTI) cayó desde 55,90 dólares hasta tocar fondo en −37,62 dólares. Muchos operadores no daban crédito: ¿cómo puede un barril de petróleo tener un precio negativo?

La respuesta es compleja y tiene que ver con los entresijos técnicos del comercio de futuros, pero el argumento más general es que cualquier activo puede hundirse y resurgir de nuevo. La volatilidad no debería ser motivo para evitar una clase de activo. Las monedas de reserva se mueven despacio de un día para otro, pero con el transcurso del tiempo pueden perder la mitad de su valor. Basta echar un vistazo al yen japonés durante la última década.

El argumento es sencillo: dado que cualquier activo es susceptible de hundirse, la volatilidad no es razón suficiente para evitarlo. En su lugar, pregúntate más bien si formará parte del futuro: ¿solucionará los problemas del mañana? Y, quizá más importante, ¿te puedes permitir dejarlo fuera de tu cartera? Si entre 2010 y 2020 no poseías acciones de Apple, en la práctica estabas tomando posiciones cortas. Por consiguiente, una mejor pregunta es cuánto deberías poseer de algo. En mi opinión, poco importa tu tolerancia al riesgo: un 2 por ciento de tu cartera siempre tiene sentido.

Empieza con poco: no te apresures

Al igual que con cualquier posición, no hay necesidad de comprar todo de golpe. Si dispusieras de 100.000 dólares, no te lanzarías a gastarlo todo en acciones, sino que irías acumulándolas poco a poco, y creo que deberías aplicar el mismo enfoque para Bitcoin. Construye la posición de manera gradual. Podrías destinar una cierta suma a Bitcoin cada trimestre y basarte en el promedio del coste en dólares para alcanzar tu posición objetivo.

Ahora bien, siguiendo con el ejemplo anterior, si cuentas con una cartera de 100.000 dólares y te consideras un inversor conservador, es razonable tener un 2 por ciento, o sea 2.000 dólares, en Bitcoin. La mejor manera de establecer esa posición sería comprar Bitcoin en tramos trimestrales de 500 dólares hasta alcanzar tu asignación objetivo, que en este caso sería de 2.000 dólares. De este modo, te mantendrás protegido y podrás beneficiarte de su volatilidad intrínseca. A lo largo de un año, Bitcoin puede tener muchas correcciones del 20 por ciento o más. En consecuencia, si dedicas un flujo regular de capital a consolidar una posición, es probable que el precio medio ponderado que pagues sea bastante menor que si hubieras adquirido la posición de una tacada. Por consiguiente, no temas la volatilidad de Bitcoin: aprovéchala y saca partido de las caídas más acusadas.

Sin embargo, si no eres un inversor conservador e inclinas un poco tu cartera hacia el crecimiento, deberías considerar aumentar esa asignación a algo más cercano al 10 por ciento. Puede parecer alto, pero contar con una mera exposición del 2 por ciento no te otorgará los beneficios reales de poseer un activo de crecimiento. Imagina que consideras Apple como una inversión imprescindible y le destinas tan sólo el 2 por ciento de tu dinero. Confía en mí cuando digo que ni todo el dinero del mundo aplacará tus remordimientos por no haber comprado más. Si te equivocas por completo o Bitcoin se mantiene al mismo nivel, un 10 por ciento no te matará, pero si sube de forma considerable, lo que considero probable, podría cambiar tu vida.

Algunos inversores se describen como *maximalistas de Bitcoin*. Nada es suficiente. El 55 por ciento de su cartera está en Bitcoin. Saylor se sitúa a sí mismo en este grupo. En la práctica, ser un maximalista significa considerar que es menos arriesgado poseer Bitcoin que no poseerlo. Dichos inversores creen que Bitcoin ya es en sí mismo una apuesta diversificada por el futuro, así que no es necesario poseer nada más. Según su lógica, resulta necio contentarse con poseer una porción del futuro y destinar a ese activo menos del 50 por ciento de su capital disponible. Sólo tú puedes determinar a qué grupo perteneces, pero si eres un inversor conservador que no sabía nada sobre Bitcoin, empieza con poco y aumenta de forma gradual tu exposición a medida que te vayas sintiendo más cómodo.

Objetivo alcanzado: ¿Y ahora qué?

Vale, ya has establecido tu posición de asignación de activos a través de compras diligentes y disciplinadas. Y ahora sucede algo fantástico: Bitcoin se dispara. Hasta los cielos, como suele decirse. Cuando abres tu cuenta, ves algo maravilloso. Debido a todo lo que se ha apreciado, Bitcoin acapara ahora un porcentaje mucho mayor de tu cartera. ¿Qué haces? Esto es lo que se denomina un problema de lujo, y espero sinceramente que afrontes muchos de ellos a lo largo de tu vida.

Se trata de una decisión personal, sobre la que deberías consultar a un asesor financiero. En mi opinión, todo se resume a cuánto crees en Bitcoin. Si crees, como yo, que alcanzará los 500.000 dólares, no vendas. Si lo necesitas, vende tus 2.000 dólares iniciales para jugar sólo con el dinero de las ganancias. Así es como se alcanza una riqueza capaz de perdurar a través de las generaciones. Si hubieras comprado 200 dólares en acciones de Apple en 2001 y las hubieras mantenido hasta la actualidad, hoy tendrías más de 700.000 dólares, una suma más que suficiente para cambiar una vida. Si hubieras comprado 10.000 dólares en acciones y las hubieras mantenido, estarías leyendo este libro en la playa de algún lugar muy fastuoso y exclusivo. Lo que pretendo decir es que, si eres un verdadero creyente, vende sólo para costear bodas y Bar Mitzvás,[19] y quédate con el resto. Sospecho que eso podría cambiar tu vida.

Ahora bien, si no eres un verdadero creyente y tienes la manía común de revisar de manera compulsiva tu cuenta cada cinco minutos, quizá sea mejor que te aferres a tu plan de asignación. En ese caso, comprueba tu cartera en momentos determinados del año, por ejemplo cada trimestre o semestre, y asegúrate de que tus tenencias de Bitcoin no acaparen un porcentaje desproporcionado de tus inversiones. Llegado el caso, vende para ajustar esa posición a tu asignación objetivo, pero hazlo siempre cuando esté en niveles altos, no bajos.

Si Bitcoin cae —y créeme, lo hará, y te dolerá—, aprovecha esa circunstancia como una oportunidad para añadir Bitcoin hasta alcanzar tu objetivo. De manera similar al método de usar el promedio del coste en dólares, esa

19. Ceremonia judía que marca el paso de la infancia a la adultez. (*N. del t.*)

forma de actuar te conducirá a comprar cuando el precio sea menor y reforzar así tu posición en los momentos más propicios. Vende cuando esté fuerte y compra cuando esté débil para velar por que tus tenencias de Bitcoin se ajusten a tu estrategia de asignación de activos. De hecho, esa forma de actuar debería ser la habitual con todos los activos de tu cartera. Si tu modelo te exige una distribución 60/40 acciones/bonos y la proporción de renta variable de tu cartera ha aumentado hasta el 80 por ciento, procura liquidar algunas de esas ganancias y reinvertir los ingresos resultantes de acuerdo con tu plan de asignación de activos.

Sólo tú puedes tomar esa decisión, pero confía en que Bitcoin será una tenencia central, y ten presente que, al vender, podrías estar cayendo en el mismo error que cometieron muchos inversores con Apple y Nvidia antes de que dichas compañías iniciaran su larga marcha al alza. Si algo me ha enseñado Bitcoin, es a confiar en el progreso y la tecnología: las novedades vienen y van, pero el progreso ha marcado la evolución de la humanidad.

Y está subiendo.

¿Fondos cotizados en Bolsa (ETF), futuros o Bitcoin?

Nunca ha sido tan fácil comenzar a invertir en Bitcoin. Hemos explicado cómo los pioneros del espacio cripto han conseguido que comprar y vender Bitcoin sea un proceso casi indistinguible de comprar o vender acciones. Eliges una correduría que ofrezca Bitcoin y productos relacionados, descargas el software en tu teléfono u ordenador y transfieres el dinero desde tu cuenta bancaria: lo tendrás todo listo en cinco minutos. Hay una serie de corredurías magníficas que ofrecen servicios de criptoactivos, incluidas Fidelity, Coinbase, Robinhood, TastyTrade e Interactive Brokers, entre otras. Algunas son más adecuadas para operadores activos, pero, para mí, la negociación es innecesariamente difícil y representa una afición muy costosa. Anticipar cualquier mercado, y más todavía uno tan volátil como Bitcoin, es un empeño fútil. Mejor adherirte a tu plan de asignación y reequilibrar tu cartera cada cierto tiempo.

Cuando lo tengas todo montado, tendrás que afrontar tu primera decisión real: comprar Bitcoin al contado, futuros de Bitcoin o un ETF de Bitcoin.

Desde mi punto de vista, tu nivel de conocimientos técnicos y financieros debería determinar cómo construyes tu exposición a esta clase de activo. Los futuros se dirigen sobre todo a inversores institucionales y minoristas autónomos que ya cuentan con una cierta experiencia. Los creadores de mercado y los proveedores de liquidez a menudo recurren al mercado de futuros para proteger sus posiciones existentes. Si negocias regularmente con futuros, como los E-mini S&P 500 Index Futures, los futuros de Bitcoin pueden ser una vía para obtener exposición a esta clase de activo, y el producto ofrece una manera eficiente de hacer una apuesta apalancada acerca de la dirección de Bitcoin, ya sea al alza o a la baja. Pero operar con futuros puede ser complicado, y existen fechas de vencimiento que te obligan a renovar tu contrato, al menos en

Estados Unidos. Además, a fin de cuentas son un derivado de Bitcoin, así que, aunque se esfuerzan por seguir de cerca los pasos del precio de Bitcoin al contado, a veces las fuerzas del mercado pueden hacer que pierdan el compás. No obstante, si eres un inversor con experiencia, los bajos requisitos de margen hacen de los futuros de Bitcoin una manera eficiente de expresar una posición apalancada sobre el activo subyacente.

Lo que nos lleva a los ETF. Se trata de un tema que está suscitando un creciente interés entre muchos entusiastas de los criptoactivos. De nuevo, creo que la decisión depende de cuán cómodo te sientas y de tus conocimientos en materia de inversiones. Entre los pioneros, algunos creen que Bitcoin es una alternativa mejor a los ETF de Bitcoin al contado porque con Bitcoin de verdad posees la criptomoneda. Si quieres transferirla o tomar control sobre ella a través de una cartera de custodia propia, como Fidelity o Coinbase, puedes hacerlo y sacarla de la cadena (veremos más sobre el tema más adelante). Con los ETF de Bitcoin, en realidad no posees Bitcoin, de igual forma que si adquieres el ETF de oro GLD, no poseerás lingotes de oro. Lo que puedes hacer es vender esos ETF (ya sean de Bitcoin o de cualquier otra cosa) por dólares estadounidenses. Para la mayoría de las personas, que están acostumbradas a leer extractos de cuenta mensuales, los ETF de Bitcoin al contado pueden resultar más familiares y llevaderos. Además, aportan un cierto grado de eficiencia, sobre todo a los novatos en el mundo cripto. Los compras y vendes como lo harías con una acción, y puedes ver cómo ello se traduce en tu saldo de cuenta. Los diferenciales oferta/demanda para los ETF son ajustados. Presentan una gran liquidez y si decides expresar tu postura sobre invertir en Bitcoin a través de un ETF, te irá bien: son baratos, seguros y sencillos. Para la mayoría de los inversores, se trata de la rampa de acceso más evidente al mundo digital.

Es el turno del Bitcoin al contado. Soy un purista y un gestor de capital profesional con décadas de experiencia. Prefiero poseer Bitcoin directamente. Gracias a los avances en materia de criptoactivos dentro del sector de los servicios financieros, poseer Bitcoin a través de Fidelity Digital Assets, Coinbase o Robinhood es lo bastante sencillo como para que la mayoría de las personas no tengan problemas. Esta opción te aportará muchas de las ventajas intrínsecas que hemos visto hasta ahora, como transferir dinero a muy bajo coste a cualquier rincón del planeta o transportar con facilidad grandes sumas de valor.

Incluso sugeriría ir un paso más allá. Si de verdad quieres comprender los criptoactivos, podrías encontrar instructivo realizar el viaje según se preveía en un origen. Dicho de otro modo: vivir la experiencia que podría haber vivido alguien hace diez o quince años. Compararía este proceso con aprender a conducir un coche de marchas en lugar de uno automático: es algo más complicado, pero es divertido, y aprenderás más sobre la conducción. De nuevo, no lo recomendaría a menos que tengas un cierto nivel de conocimientos técnicos, y comenzaría por una cuantía modesta, hasta que te sientas más cómodo con la tecnología.

Trata de transferir dinero a una cartera. Dicha cartera tendrá dos claves: una pública y una privada. La primera corresponde a la dirección para recibir y enviar bitcoins, mientras que la segunda se utiliza para acceder al depósito. Puedes guardar estas claves en un dispositivo conectado, llamado *almacenamiento en caliente*, o en un dispositivo no conectado, llamado *almacenamiento en frío*, considerado más seguro. Huelga decir que el principal riesgo es olvidar la contraseña de tu cartera, como ocurriría si retirases efectivo de tu cuenta bancaria y lo depositaras en una caja fuerte en tu casa. De nuevo, este procedimiento no es el más práctico, pero constituye una experiencia interesante y educativa.

La mayoría de las corredurías que ofrecen servicios de criptoactivos te permiten transferir tus bitcoins a una cartera, y crear una dirección de cartera es tan fácil como abrir una cuenta de e-mail. No obstante, desde un punto de vista de inversión, una solución perfectamente válida es comprar Bitcoin en cualquiera de las cuentas de corretaje mencionadas y dejarlo estar, revisándola cada trimestre o año para cerciorarte de que cumples tu plan de asignación de activos.

Al alza, a la baja o lateral[20]

Has abierto tu cuenta, has transferido tu dinero fiat y estás listo para comenzar a operar. La pregunta ahora es: ¿qué hace que Bitcoin suba o baje? En realidad, no hay ninguna

20. En alusión a las tres tendencias posibles de un mercado: alcista, bajista o sin tendencia clara. (*N. del t.*)

respuesta correcta a este misterio, más allá de que tenga compradores o vendedores. Después de todo, Bitcoin no reviste ningún valor intrínseco. Sin embargo, con el tiempo, los inversores han identificado una serie de factores que contribuyen a apreciarlo o depreciarlo.

Por lo general, Bitcoin se considera un refugio frente a la devaluación fiat y los períodos de hiperinflación. También es un activo especulativo y, como tal, tiende a cotizarse de manera paralela a las acciones tecnológicas de alto crecimiento, como Nvidia. Así, pues, durante los períodos de aversión al riesgo, en los que la demanda global de dólares es elevada, Bitcoin tiende a depreciarse, como sucede con otras materias primas, como el oro y el petróleo. Aprovecha esas oportunidades para añadir Bitcoin, sobre todo cuando su asignación sea inferior a tu objetivo. La extrema volatilidad del mercado de bonos, que guarda una correlación con los períodos de aversión al riesgo, también influye en Bitcoin.

En otras palabras: Bitcoin se ve impulsado por la propia liquidez y, por tanto, debería comportarse bien cuando existe mucha liquidez a escala mundial y los activos de riesgo presentan buenos resultados. Los ciclos de relajación de la Reserva Federal son períodos en los que podría valer la pena plantearse comprar Bitcoin. Debería salir beneficiado cuando la Reserva Federal expande su balance con vistas a reavivar la economía: a mayor liquidez, mayor riesgo e, idealmente, mayores ganancias.

Por supuesto, estas condiciones pueden influir en Bitcoin a corto plazo, pero a largo plazo, como hemos visto, Bitcoin seguirá creciendo a medida que más y más inversores lo consideren una alternativa necesaria a las monedas fíat tradicionales. Sin embargo, en cuanto a puntos de inflexión a corto plazo, cuando buscas puntos de entrada o simplemente estás tratando de entender el porqué de los movimientos de Bitcoin, existen algunas técnicas básicas y, aunque las metodologías van evolucionando con el tiempo, merece la pena considerar un par de ellas.

El coste de producir Bitcoin

Como explicamos antes en el libro, los mineros que verifican transacciones y mantienen la red son recompensados por su esfuerzo con bitcoins. Esta actividad presenta un coste considerable, sobre todo debido a la electricidad necesaria para hacer funcionar los ordenadores que verifican todas las transacciones. Recuerda: están resolviendo millones de complicadas ecuaciones. De hecho, según el índice de consumo de electricidad de la Universidad de Cambridge, la minería de Bitcoin utilizó 121 Twh de electricidad en 2023. Se trata de alrededor de la misma cantidad que consumió todo Países Bajos (con una población de 17 millones) en 2022. Todo ello va sumándose, y un buen indicador para saber si el precio de Bitcoin es razonable a corto plazo es comparar el coste de producción con el coste de una moneda, calculando lo que podríamos considerar algo así como el punto de equilibrio para los mineros. Aunque no siempre estén relacionados, los costes de minado en ocasiones pueden aportar una pista sobre el precio de Bitcoin.

En general, unos mayores costes de minado aumentarán su precio, pues minar deja de ser rentable y se extraen menos monedas, reduciendo así la oferta general. No olvides que sólo existen 21 millones de unidades de Bitcoin disponibles para su minado, y ya se han extraído algo menos de 20 millones. Cuando los costes de minado caen, se vuelve más barato minar, y ello podría conducir a un aumento de la oferta. Como regla práctica, cuando su precio duplica su coste de producción, es posible que esté sobrevalorado a corto plazo. Cabe admitir que esta metodología resultaba más útil cuando Bitcoin era algo nuevo y no había tantas monedas en circulación, pero no está de más tomarla en consideración.

Coste base y gráficos

Otro indicador que algunos encuentran de ayuda es el coste promedio ponderado del total de Bitcoin contenido en carteras. A algunos inversores les gusta pensar en ello como el coste base a largo plazo de poseer Bitcoin. En cierto modo, actúa como un suelo: si Bitcoin se halla por encima del coste base de un inversor, éste será menos proclive a vender; si se halla por debajo, podría querer minimizar sus pérdidas.

El análisis técnico también puede ser una métrica útil para las inflexiones de precio a corto plazo. Muchos inversores en Bitcoin echan un vistazo a los gráficos tradicionales para tratar de predecir el movimiento de los precios en el futuro inmediato. Figuras como «hombro-cabeza-hombro», cuña y otros patrones clásicos pueden ser buenos indicadores de movimientos a muy corto plazo.

Sin embargo, como ya hemos apuntado, la mejor estrategia no consiste en negociar con Bitcoin, sino en mantenerlo y seguir comprando cuando caiga por debajo de tu nivel de asignación objetivo.

17

Tu viaje

¿Bitcoin es asimilable al oro o es un sistema de pago? En mi opinión, se trata de una falsa disyuntiva. A lo largo de los años, han surgido muchos cuentos eufóricos que han impulsado al alza las acciones de Apple, Nvidia y Amazon. Hubo un tiempo en que el relato optimista para Nvidia estaba ligado a los chips de tarjetas gráficas, ahora gira en torno a la inteligencia artificial. En el pasado, Amazon distribuía libros, ahora vende almacenamiento en la nube, vídeos y cualquier cosa que puedas imaginar, porque en realidad no es más que un vector de innovación y disrupción. Si algo nos ha enseñado la historia es que esos dos ingredientes pueden ser una inagotable fuente de riqueza.

Al final, me encanta poder desempeñar un minúsculo papel en esta monumental historia tecnológica y financiera. Sí, he sacado un pellizco invirtiendo en Bitcoin, pero eso no es lo más importante. ¡No pongas esa cara, lo digo de veras! Lo que más me satisface es conseguir que otras personas abran los ojos.

Todavía recuerdo cuando, en plena obsesión con Bitcoin, el gerente de un fondo soberano de Oriente Próximo me llamó para darme la enhorabuena. Le respondí que, aunque hemos dedicado mucho tiempo a nuestra tesis a largo plazo, nuestras ganancias rápidas se debían más que nada a un golpe de suerte, al haber entrado en un momento propicio. Pero insistió:

—Nos has ayudado a adentrarnos en el futuro —dijo—, y estamos entusiasmados de emprender este viaje contigo.

En el negocio de la gestión de activos, el futuro se está expandiendo a un ritmo vertiginoso. En mayo de 2024, el estado de Wisconsin presentó un modelo en el que revelaba que su fondo de pensiones había adquirido casi 160 millones de dólares de Bitcoin a través de los ETF de Bitcoin al contado de BlackRock y Grayscale. Lo más llamativo era el momento de la compra: casi inmediatamente después de que se lanzaran en el mercado. Pese a que no se aportaba ninguna motivación, informes de prensa anteriores observaban que, en los últimos años, el gestor responsable, Edwin Denson, había aumentado la exposición del fondo a activos sensibles a la inflación. El fondo gestiona 150.000 millones de dólares. Aunque este caso fue el primero, es probable que no sea el último. Como vimos anteriormente, los ETF han facilitado a los compradores no tradicionales de Bitcoin entrar en los mercados de criptomonedas y, a medida que se vaya popularizando esta clase de activo, tendrá un papel cada vez más importante en los fondos soberanos y de pensiones que buscan una protección frente a la devaluación de sus monedas por parte de los bancos centrales. A finales de 2021, El Salvador se convirtió en el primer país en aceptar Bitcoin como moneda de curso legal. Su presidente, Nayib Bukele, declaró que la medida fomentaría la inversión y el crecimiento económico al extender «servicios financieros tradicionales» a casi un 70 por ciento de salvadoreños que no tienen una cuenta corriente. Dicha política se ha visto respaldada por un auge del turismo, así como del número de emigrantes salvadoreños que envían dinero —las famosas remesas— a sus familias. Con el tiempo, es muy posible que otros países recurran a Bitcoin para proporcionar estabilidad a sus precarios sistemas financieros.

Y, a medida que más entidades adoptan Bitcoin, surgirán más usos creativos. ¿Llegará a convertirse en la primera moneda global? ¿Se utilizará para colonizar la luna o Marte? No es inconcebible que una moneda plenamente digital revista más utilidad en otros planetas. Quién sabe. Lo que sí sabemos es que ha logrado en quince años lo que a otras monedas o depósitos de valor les ha costado siglos, y que sigue adoptándose y abrazándose a lo largo y ancho de la economía. Y creo que ya podemos decir con seguridad que Wall Street seguirá abrazándolo.

Así como están más acostumbrados a utilizar un iPhone que un mando a distancia, tus hijos podrían sentirse más cómodos en una economía financiera tokenizada: comprando entradas para eventos deportivos, viviendas y objetos de colección por medio de la cadena de bloques y los activos digitales. Su mundo es virtual: una secuencia de unos y ceros.

Ahora, cuando mi hijo AJ llama, puedo charlar con él

sobre los entresijos de la cadena de bloques. Y ya sé lo que es el internet de las cosas. Me enorgullece decir que emprendí este viaje y abrí mi mente a un modo radicalmente nuevo de entender las finanzas y el valor, pero aún más admitir que todavía hay muchas cosas que desconozco. Me muero de ganas de ver cómo evolucionará este mercado y cuáles de mis actuales creencias se revelarán equivocadas.

Espero que tú también. Después de todo, es probable que cualquier cosa capaz de pasar de valer un centavo a 70.000 dólares tenga mejores días por delante.

Agradecimientos

El valor de una red es directamente proporcional al número de participantes implicados. Robert Metcalfe nos lo enseñó, y Bitcoin nos lo ha recordado. También he podido constatarlo en mi propia vida. Como sucede con Bitcoin, mi viaje no habría sido posible sin una magnífica red que me apoyó a cada paso del camino.

Giles Anderson, mi fabuloso agente literario, me animó desde el principio a encontrar y difundir mi voz. Asimismo, quisiera expresar mi agradecimiento a mis amigos de la editorial Wiley, quienes me propusieron este proyecto: mostrasteis una gran confianza en mí, espero haber estado a la altura.

Mil gracias a las increíbles personas que integran la comunidad cripto, que me guiaron a través del mundo de Bitcoin, entre ellos, aunque hay muchos más, Peter Diamandis, Mike Novogratz, Wences Casares, Michael Sonnenshein,

Pete Briger, Michael Saylor y Terry Duffy. El magnífico trabajo de mi viejo amigo y socio Brett Messing y, por supuesto, del fantástico equipo que nos respalda en SkyBridge es para mí una fuente de inspiración cotidiana. Sois todos embajadores del progreso, y me enorgullezco de teneros como colegas, pero más aún de que me consideréis vuestro amigo. Quisiera hacer una mención especial a mis amigos de la CNBC, KC Sullivan, Dan Colarusso, Mary Duffy y Scott Wapner, y al maravilloso equipo de *Squawk Box*, entre ellos Andrew Ross Sorkin, Becky Quick, Joe Kernen, Anne Tironi y Jacqueline Corba. Además, me gustaría manifestar mi gratitud a mi viejo amigo y socio de escritura Maxwell Meyers. Hablamos la misma lengua.

Y lo que es más importante aún: no habría llegado demasiado lejos sin la vasta y variopinta red Scaramucci, origen de muchas alegrías. Gracias a mi hermosa esposa Deirdre: haces mi vida posible y la llenas de verdad y bondad, conviertes el mundo en un lugar mejor, nunca dejes de ser tú misma. A mis hijos mayores, AJ, Anthony y Amelia, os quiero. No podría estar más orgulloso de la vida que lleváis cada uno de vosotros. A la última tanda, James y Nick, sois mi fuente de inspiración y mi recordatorio de que la vida siempre consiste en nuevas aventuras y nuevos comienzos. Y a mis padres, Alexander y Marie, quiero decirles: todo cuanto soy es gracias a vosotros. ¿Qué más podría añadir?